Wandern mit KINDERN

Guido Pinkau / Johannes Holzleiter

OBERÖSTERREICH

Linz, Mühl-, Traun- (Eisenwurzen), Hausruckviertel

Leopold Stocker Verlag
Graz – Stuttgart

Umschlagkonzeption: Atelier Geyer, Graz
Umschlagausführung: Reproteam, Graz
Umschlagfoto: W. Steinlechner, Linz
Routenskizzen: G. Pinkau und J. Holzleiter
Die folgenden Zahlen in Klammer beziehen sich auf die jeweiligen Touren.

Farbfotos: (1, 2) TV Linz
(4) ob.: TV Schwarzenberg, unt.: W. Gaigg, Steyrling
(6) R. List, Ulrichsberg
(10) TV Kollerschlag
(12) Rubra, Ottensheim
(13) E. Hengstschläger, Feldkirchen/Donau
(14) OÖW / Schwager
(18, 19) W. Steinlechner, Linz
(32) TV Bad Kreuzen
(34) TV Steyr
(35, 38, 42) OÖW / Himsl
(41) OÖW / Höfer
(43, 44) TV Kremsmünster

Die restlichen Bilder wurden von den Autoren zur Verfügung gestellt.

Der Verlag bedankt sich für die Leihgabe aller Photos.

Guido Pinkau M. A., geb. 1964, ist Magister der Geographie. Er arbeitet als Studienreiseleiter im südlichen Afrika und in Skandinavien sowie als freier Reiseautor. Als begeisterten Bergwanderer zieht es ihn immer wieder zu ausgedehnten Touren in die von seinem Wohnort Passau aus nahe gelegenen Berge Österreichs.
Johannes Holzleiter, geb. 1972, lebt in Landshut und bereitet zur Zeit seinen Abschluß auf das Lehramt am Gymnasium vor. Er arbeitet als freier Reiseautor und ist leidenschaftlicher Bergsteiger und -wanderer. Bereits seit seiner Jugend bricht er regelmäßig zu Touren in die Alpen auf.

Die Deutsche Bibliothek – CIP-Einheitsaufnahme

Pinkau, Guido:
Oberösterreich : Linz, Mühl-, Traun-, Hausruckviertel, Eisenwurzen /
Guido Pinkau/Johannes Holzleiter. – Graz : Stocker, 1999
(Wandern mit Kindern)
ISBN 3-7020-0849-7

Hinweis: Dieses Buch wurde auf chlorfrei gebleichtem, unter den Richtlinien von ISO 9001 hergestelltem Papier gedruckt. Die zum Schutz vor Verschmutzung verwendete Einschweißfolie ist aus Polyethylen chlor- und schwefelfrei hergestellt. Diese umweltfreundliche Folie verhält sich grundwasserneutral, verbrennt in Müllverbrennungsanlagen völlig ungiftig und ist voll recyclingfähig.

ISBN 3-7020-0849-7

Printed in Austria
Gesamtherstellung: Druckerei Theiss GmbH, A-9400 Wolfsberg

INHALT

VORWORT

„Wandern mit Kindern" – das ist sicherlich für viele Erwachsene eine Erfahrung der ganz besonderen Art und weckt häufig auch weniger angenehme Erinnerungen. Die eigenen Eltern berichten nur zu gern von ihren Versuchen, als man selbst noch auf kurzen Beinen von ihnen über Wald- und Wiesenwege oder die Berge hinaufgetrieben wurde. Mit leichtem Schmunzeln wird man von ihnen an diese Anstrengungen erinnert, die immer wieder in der Kinderfrage gipfelten: „Wann sind wir denn endlich da?" „Gleich, nur noch diese Kuppe", war die häufigste Antwort. In den meisten Fällen war diese aber noch lange nicht das endgültige Ziel, sondern bloß der angestrebte Gipfel; der nicht selten ewig lange Abstieg wurde wohlweislich verschwiegen.
Oben angelangt, genossen dann die Eltern die Aussicht. Spielen konnten wir leider nicht, denn sonst wären wir ja irgendwo abgestürzt, und so schnell sollte es nun doch nicht wieder bergab gehen, das war selbst uns klar. Der Höhepunkt einer solchen Wanderung bestand darin, daß Vater uns hochhob, damit wir mit gerade erlernter Schreibfähigkeit den eigenen Namen ins Gipfelbuch schreiben konnten. Anhand der vielen gekritzelten Großbuchstaben in diesen Büchern der Wanderfreunde kann man auch heute noch immer gut ablesen, wie viele Kinderfüße schon so manchen Berg erklommen haben.
Na ja, solche Fehler wollen wir natürlich mit unseren Kindern nicht machen, und deshalb wird der Vorschlag der Großeltern ignoriert, die Kleinen bei ihnen zu lassen, während wir Erwachsenen allein auf unsere Wanderung gehen.
Der erste und vielleicht wichtigste Grundsatz beim Wandern mit Kindern ist also, es muß allen Spaß bringen. Es soll keine Rache der Eltern für die als Kind selbst erlebte „Schinderei", sondern ein spannendes, abwechslungsreiches und nicht zu langes Erlebnis in der Natur sein.
Manchmal scheint es zwar, daß dies kaum noch möglich ist. Die Reizüberflutung der modernen Medien, der selbst Kinder nicht entgehen können, erweckt den Eindruck, es könne kaum noch Spannendes außerhalb der Fernseh- und Computerwelt geboten werden. Welcher Vater kann mit den Abenteuerhelden der Kinder- und Jugendsendungen im Fernsehen oder den Computerspielen noch konkurrieren? Da hätte es sicher auch Arnold Schwarzenegger schwer, wenn er nicht gerade der „Terminator" ist.

Dieser erdrückenden Konkurrenz zum Trotz ist es aber dennoch möglich, Freizeit in der Natur zu verbringen und dabei Dinge zu entdecken, die mindestens genauso spannend sind. Alte, geheimnisvolle Burgen oder deren Ruinen, in denen Ritter lebten, regen die Phantasie an, wenn man sie mit ein paar lebhaften Geschichten würzt, genauso wie dichte Wälder, Schluchten und Klammen.
Welches Kind freut sich nicht, wenn es endlich einmal wieder frei herumtoben kann und nicht aufpassen muß, daß ein Auto kommen oder das fröhliche Geschrei irgendjemanden aus der Nachbarschaft stören könnte? Ein Aufenthalt in der Natur ist auch immer eine kleine Flucht aus der Enge unserer Großstädte.
Gerade hierfür ist der von uns beschriebene Raum besonders gut geeignet, da er seine Attraktivität insbesondere aus seiner Ursprünglichkeit bezieht.
Unser Buch bietet eine Auswahl an Wandervorschlägen, wobei wir darauf geachtet haben, daß möglichst abwechslungsreiche Touren vorgestellt werden, die ein jeweils unterschiedliches Erlebnis des Großraumes Linz bieten und eine oder mehrere Überraschungen für die Kinder bereit halten: z.B. eine Burgruine, eine Aussichtswarte, eine Klamm oder einen Spielplatz. Schon allein aus diesem Grund und weil die Gehzeiten den Kinderfüßen angepaßt wurden, kann kein Anspruch auf Vollständigkeit erhoben werden.
Ausgehend von Linz, können so bei Tagesausflügen Wanderungen in vier landschaftlich vollkommen verschiedenen Regionen unternommen werden. Das beschriebene Gebiet reicht vom böhmisch-bayerisch-österreichischen Grenzgebiet über das Mühlviertel – der Heimat von Adalbert Stifter und Norbert Hanrieder – weiter in die Region um Steyr bis hin zum Hausruck.
Die in diesem Buch beschriebenen Touren sind so angelegt, daß sie vor allem Familien mit Kindern im Alter bis zu 10 Jahren Spaß bereiten. Daneben wird aber auch sicher derjenige Freude an ihnen finden, der auf einer kurzen Wanderung einmal tief Luft holen und dem Alltag entkommen möchte.
Nehmen Sie aber auch einmal die Großeltern mit, um ihnen zu zeigen, wieviel Spaß gemeinsame Wanderungen machen können.

Passau, 1999 *Guido Pinkau und Johannes Holzleiter*

Stocker

Im Dienste des guten Buches

LANDESAUSZEICHNUNG

Name/Vorname

Beruf

Straße

Postleitzahl und Wohnort

Geschäftsantwort-
postkarte

An den

LEOPOLD STOCKER VERLAG

Postfach 438
Hofgasse 5
A-8011 Graz

1. GRUNDSÄTZLICHES ZUM WANDERN MIT KINDERN

Sehen Sie die Wanderung mit den Augen eines Kindes!

Wandern steht noch immer im Ruf, es handle sich um eine Beschäftigung, die erst dann so richtig genossen werden kann, wenn ein gewisses Alter erreicht worden ist – in den meisten Fällen jenseits des Pensionsalters. Bei denen, die so etwas sagen, liegt aber die Vermutung nahe, ihre Erinnerungen an die als Kind erlittenen Wanderqualen sind es, die erst im Alter so weit vergessen sind, daß es wieder Spaß bringt, sich auf Schusters Rappen zu begeben. Trotzdem, auch Sie sind heute kein Exot, wenn Sie planen, mit Ihren Kindern auf eine Wanderung zu gehen. Ihnen werden zahlreiche Familien begegnen, die versuchen, Ihre Kleinen mit dieser schönen Freizeitbeschäftigung anzufreunden. Allerdings werden Sie bereits bei einem kurzen Gespräch mit Gleichgesinnten feststellen, daß es da ganz unterschiedliche Erfolge zu vermelden gibt. Die einen werden von mürrischen Plagegeistern berichten und von ihrem Entschluß, es nie wieder zu versuchen, andere werden begeistert von Dingen erzählen, die sie selbst als Erwachsene neu entdeckt haben. Nun, es ist nicht schwer zu sagen, daß die ersten alles falsch und die zweiten alles richtig gemacht haben. Nur – was war es?

Kinder lieben die Abwechslung

Machen Sie sich von vornherein klar, daß Sie etwas anderes wollen als Ihr Kind. Auch wenn es einfach klingt, aber der wesentliche Unterschied besteht darin, daß Sie erwachsen sind und Ihre Kleinen Kinder. Das hat Konsequenzen, die zum einen die Länge einer Wanderung bestimmen und zum anderen auch das, was als interessant erachtet wird. Während Sie ohne Mühe – Kondition und Ausdauer vorausgesetzt – mehrere Stunden Wälder und Wiesen durchstreifen können, ist das selbst für einigermaßen geübte Kinder körperlich nicht machbar. Ist für Sie eine längere, geführte Besichtigungstour durch ein Museum interessant und vielleicht auch spannend, so wird bei einem Kind das Interesse schnell erlahmen, wenn in der zehnten Vitrine das Porzellan der Jahrhundertwende ausgestellt ist und man auf dem Thron des Monarchen nicht einmal sitzen darf!

Begehen Sie aber nicht den Fehler, nun nur noch das zu machen, was die Kinder wünschen. Gemeinsam wollen Sie ja Spaß bei einer Unternehmung haben, und das bedeutet auch, daß Sie Ihre eigenen Wünsche nicht ganz unterordnen sollten. Wenn also auf dem Weg eine Kirche liegt, die Sie besichtigen wollen, dann tun Sie es, nehmen Sie Ihr Kind mit hinein und erklären selbst, was es da zu sehen gibt. Das bedeutet zwar ein wenig mehr Vorbereitung, aber es lohnt sich, denn Kinder stecken voller Fragen und wollen etwas wissen.

Erste Vorbereitungen, ehe es losgeht

- Eine Wanderkarte über das ausgewählte Gebiet besorgen
- Das Wanderziel mit den Kindern besprechen und dabei folgende Punkte beachten:
  - Die Länge der Wanderung muß den Möglichkeiten aller Teilnehmer angepaßt sein.
  - Gibt es Besichtigungspunkte, die zeitmäßig eingeplant werden müssen (Öffnungszeiten beachten)?
  - Bietet die Wegstrecke besondere landschaftliche oder kulturelle Attraktionen?

Auf Entdeckungen Gehen und Klettern, stehen bei Kindern hoch im Kurs

Für viele Kinder ist es heute dort, wo sie leben, nicht mehr möglich, sich frei und unbeschwert zu bewegen. Die Wohngebiete unserer Städte haben vielfach kaum noch genügend Raum, damit der Bewegungsdrang der Kinder ausgelebt werden kann. Ein Spielplatz fehlt häufig, und wenn er vorhanden ist, ist er meist nicht allzu einladend.

Um so wichtiger ist es, daß diesem Bedürfnis der Kinder bei einem Ausflug Rechnung getragen wird. Die Natur bietet hierzu wohl die besten Möglichkeiten. Egal ob auf großen Wiesen, an Bächen oder im Wald, überall gibt es Plätze, an denen es sich so richtig herumtoben läßt.

- Felsblöcke,
- Klettersteige,
- Leitern, Stiegen,
- Aussichtswarten,
- Bäume und Baumstämme

sind kleine sportliche Herausforderungen, die manchmal etwas Mut erfordern, aber um so stolzer machen, wenn sie geschafft wurden.
Für solche Aktivitäten sollte genügend Zeit eingeplant werden, damit nicht gerade dann zum Aufbruch gedrängt werden muß, wenn die Kinder am meisten Spaß haben.

Kinder lieben das Geheimnisvolle

Märchen, Sagen, Rittergeschichten und Räuberpistolen – für Kinder gibt es nichts schöneres, als in fremde Welten einzutauchen. Ihre Phantasie läßt dabei aus dichten Wäldern die Heimat von Kobolden und anderen geheimnisvollen Gestalten entstehen. Hören Sie ihnen zu und Sie werden entdecken, mit Kinderaugen sieht die Welt ganz anders aus.
Bei der Vorbereitung einer Wanderung sollte daher ein Augenmerk auf interessante Geschichten gelegt werden. Ist die Ruine einer alten Ritterburg das Ziel, so kann mit Erzählungen zum mittelalterlichen Leben der Ritter, dem am Hofe lebenden Burgfräulein oder einem im Verlies verborgenen Gefängnis Spannung erweckt werden, die bereits Vorfreude auf die Wanderung entstehen läßt. Das Erzählen von Märchen oder Sagen wird sicherlich auf interessierte Zuhörer stoßen.

Bei Kindern ist stets Spielen angesagt

Sicherlich ist Ihnen die Aufforderung Ihrer Kinder „Willst Du mit mir spielen?“ gut im Gehör. Allzu oft müssen solche Wünsche wegen der Belastung im Beruf oder der Arbeit im Haushalt mit einem „Später“ abgetan werden. Diese Ausrede darf aber nicht in der gemeinsamen Freizeit gelten. Auch auf einer Wanderung mögen Kinder sehr gern spielen, und an den Wegesrändern gibt es genügend Möglichkeiten, um diesem Wunsch nachzugeben.
An einigen der von uns vorgestellten Wanderstrecken wurden extra Kinderspiel- und Abenteuerplätze eingerichtet, auf denen Schaukeln, Rutschen, Klettertürme und vieles mehr zum Spielen einladen. Häufig genügt aber bereits ein von zu Hause mitgenommener kleiner Ball oder – bei genügend Wind – ein Flugdrache, den man auf einer großen Wiese steigen lassen kann, um ein vom Wandern müdes Kind neu zu motivieren.

Kinder brauchen Zeit für ihre Entdeckungen

Wer mit Kindern unterwegs ist, sollte keine Hetze aufkommen lassen. Wie gesagt, es werden keine sportlichen Höchstleistungen erwartet und keine Wanderkilometer gesammelt. Wichtig ist, daß auch den „Kleinigkeiten" genügend Aufmerksamkeit gezollt wird. Ein Fliegenpilz am Wegesrand, Stichlinge und andere kleine Fische in Bächen, die große Wurzel eines umgestürzten Baumes im Wald oder das im Geäst gespannte Netz einer Spinne sind nur einige der Dinge, die für Kinder von großem Interesse sind. Sie können aber nur dann so richtig untersucht werden, wenn ausreichend Zeit vorhanden ist. Erwachsene gehen an so etwas häufig achtlos vorbei, und so werden es Ihre Kinder sein, die Sie auf die einfachen Dinge hinweisen werden.

Die im folgenden genannten Punkte sollen Ihnen helfen, eine Wanderung mit Ihren Kindern zu unternehmen, die für alle zu einem schönen Erlebnis wird und Lust auf Wiederholungen weckt.

Vor der Tour

- Gehen Sie nur auf eine Tour, wenn Sie sicher sind, daß diese von allen Teilnehmern bewältigt werden kann!
- Bei der Auswahl des Zieles ist es wichtig, die Kinder zu beteiligen. So fühlen sie sich bereits bei der Vorbereitung mit einbezogen.
- Die Zeit, die für eine Wanderung eingeplant wird, muß so berechnet sein, daß genügend Spielraum für Pausen, Besichtigungen und zum Spielen bleibt.
- Nehmen Sie sich folgenden **Grundsatz** zu Herzen: Lieber kurz und viel Zeit für Spaß als lang und dadurch viel Zeit für zermürbende Durchhalteaufforderungen.
- Beachten Sie die Wettervorhersagen. Es lohnt nicht, zu einer Wanderung aufzubrechen – schon gar nicht in Gebirgsregionen –, wenn mit Dauerregen oder Gewittern zu rechnen ist oder bei zu hohen Temperaturen im Sommer.
- Fotos von Prospekten der Fremdenverkehrsämter oder aus Reiseführern und Erzählungen über das Wandergebiet wecken Interesse.
- Die Spannung und Vorfreude kann dadurch gesteigert werden, indem auf die an der Wegstrecke wartenden Abenteuer hingewiesen wird, wie z.B. Felsen, Aussichtswarten, Leitern, Spielplätze.

- Direkte Höhenangaben interessieren Kinder nicht. Wenn man ihnen aber sagt, daß sie bei der Wanderung so hoch hinauf kommen wie vorher noch nie, oder von der Kuppe dort oben ganz weit ins Land schauen können, dann verspricht es, aufregend für sie zu werden.
- Ebenso mit der Weglänge verfahren. Nicht die Kilometer zählen, sondern Angaben, wo man voraussichtlich zur Mittagspause sein wird und wann das Ziel erreicht wird, machen.
- Gutes Kartenmaterial ist ein Muß auf jeder Wanderung. Führen Sie das Kartenstudium mit den Kindern bereits zu Hause durch. Zeigen Sie, wo die Strecke verläuft (Anfangs- und Endpunkt), Pausen gemacht werden sollen, die Attraktionen warten.
- Bereiten Sie vor, was auf die Tour mitgenommen werden soll (vgl. Kapitel „Ausrüstung“ und „Essen und Trinken“)

Während der Tour

- Die gewählten Routen müssen Abwechslung bieten. Endlos lang erscheinende Wege über Wiesen oder durch Wälder sind ermüdend. Daher immer Strecken wählen, die von allem etwas bieten.
- Erwachsene können – wenn nötig stundenlang – mit gleichmäßigem Schritt gehen. Kindern bringt das keinen Spaß. Sie scheinen jede Art der Fortbewegung probieren zu wollen: Hüpfen, Laufen, auf Baumstämmen Balancieren oder über sie Hinwegspringen – alles muß ausprobiert werden. Lassen Sie also soviel Freiraum wie möglich zu.
- Stellen Sie Kindern auch ruhig mal kleine Aufgaben, die das Selbstbewußtsein stärken wie z.B. den richtigen Weg zum Weitergehen zu finden.
- Trotz guter Vorbereitung gibt es Wegstrecken, die für Kinder langweilig sind. Eines der einfachsten Kinderspiele, das jedem bekannt ist – „Ich sehe was, was Du nicht siehst“ –, hat schon so manche Flaute überbrücken geholfen.
- Merken Sie, daß sich bei den Kindern langsam Müdigkeit breit macht, kann ein Hinweis auf die kommenden Attraktionen Wunder bewirken: Ruinen, Felsen, Aussichtstürme und Spielplätze haben noch nie ihre Wirkung verfehlt.
- Zur Not hilft auch eine spannend erzählte Geschichte, die – erfunden oder wahr – etwas mit der Gegend zu tun hat, wo Sie sich gerade aufhalten („In diesem Wald wohnte einst ...“).
- Dunkle Höhlen, steile Leitern, Tiere auf der Weide oder in Käfigen gehalten können Ängste bei Kindern auslösen. Versuchen

Sie, diese zu beseitigen, aber erzwingen Sie nichts. Läßt sich die Angst nicht als unbegründet erklären, machen Sie einen Umweg.

- Pausen einlegen! Meiden Sie dabei aber die offiziellen Plätze; machen Sie dort eine Pause, wo es schön ist und Möglichkeiten zum Spielen (z.B. an einem Bach) bestehen. Ihre Kinder wollen nicht still auf einer Bank sitzen, sondern auch dort die Umgebung erkunden.
- Entdecken Sie am Wegesrand Besonderheiten (Pflanzen, Insekten, Mauern etc.), machen Sie die Kinder darauf aufmerksam und erklären Sie, worum es sich dabei handelt oder was es damit auf sich hat.
- Einiges von dem, was beobachtet wird, kann auch gesammelt und so zu einem Erinnerungsstück werden, oder sammeln Sie gemeinsam unterschiedliche Blätter oder Beeren und bestimmen diese. Bei Pflanzen beachten Sie aber den Artenschutz und erklären, weshalb bestimmte Pflanzen nicht gepflückt werden dürfen.
- Jeder weiß, wenn man draußen in der Natur unterwegs ist, schmeckt das einfachste Essen noch einmal so gut. Ein kleines Picknick (vgl. Kapitel „Essen und Trinken") gibt nicht nur Kraft zurück, sondern ist auch eine schöne Unterbrechung vom alltäglichen Essen am Tisch zu Hause.
- Obwohl es sich von selbst versteht, einer der wichtigsten Grundsätze lautet: Kein Risiko eingehen! Egal ob unvorhergesehen ein Wetterumsturz einsetzt, der Weg zu schwierig wird oder man sich verlaufen hat.
- Vorsicht ist auch angezeigt, wenn Kinder für eine Zeit alleine spielen wollen. Weisen Sie auf mögliche Gefahren hin und passen Sie aus angemessener Distanz auf.

Nach der Tour

- Gestalten Sie Ihren eigenen Wanderführer über durchgeführte Wanderungen. Fotos, während der Wanderung gesammelte Dinge, wie Blumen, Gräser, Postkarten, Hüttenstempel etc., gehören genauso dort hinein wie Angaben zu der gewanderten Route, zurückgelegten Kilometern, Höhenangabe, was alles während der Wanderung beobachtet wurde, ein von den Kindern gemaltes kleines Bild der Wanderung und, wenn sie schon schreiben können, ein kurzer Text.
- Verfolgen Sie auf einer Karte zu Hause noch einmal gemeinsam mit den Kindern, wo Sie gewesen sind.

- Dabei können Sie Ihre Kinder dazu auffordern, zu berichten, was sie während der Wanderung am meisten beeindruckt hat.
- Gestalten Sie an einem der folgenden Wochenenden einen Familiennachmittag, bei dem Sie die Fotos, Dias oder Videos anschauen; hierzu können dann auch die Freunde der Kinder eingeladen werden.

2. AUSRÜSTUNG

Bekleidung

Die heutige Kindermode wirkt meist sehr funktional und sportlich. Doch bei genauerer Betrachtung trügt häufig vor allem der Eindruck der Funktionalität; sie sind chic, aber wenig zweckmäßig. Trotzdem sollte darauf geachtet werden, daß sich die Kinder in ihrer Kleidung wohl fühlen. Nichts ist schlimmer, als wenn ein kratzender Wollpullover die Stimmung vermiest.

Einige Kriterien, die auch bei der Wanderkleidung für Erwachsene gelten, sollten bei der Auswahl beachtet werden:

- Die Kleidung sollte atmungsaktiv, wasser- und winddicht sein. Die vom Körper erzeugte Feuchtigkeit kann so nach außen transportiert werden, Regen und kalter Bergwind werden hingegen abgehalten. Inzwischen gibt es eine Vielzahl verschiedener Gewebearten bzw. Beschichtungen, die oben genannte Kriterien erfüllen, aber kein gar so tiefes Loch in den Geldbeutel reißen.
- Die Kleidung darf nicht einengen. Sie muß reißfest und strapazierfähig sein, d.h. sie muß beim wilden Herumtoben, Klettern und Rutschen über Baumstümpfe oder Kriechen im Unterholz genügend Bewegungsfreiheit bieten.
- Beachten Sie das sog. „Mehrschichtsystem". Demzufolge sollten mehrere Kleidungsschichten getragen werden, die je nach dem individuellen Wärmeempfinden ausgezogen werden können. T-Shirt, Hemd, Pullover und Jacke wären z.B. eine mögliche Schichtenabfolge. Faserpelz- bzw. Fleecepullover eignen sich besonders wegen ihres geringen Gewichtes, der hohen Wärmeleistung auch in nassem Zustand und der Eigenschaft, sehr schnell zu trocknen.
- Nehmen Sie immer eine zweite Garnitur (Unterwäsche, Socken, Hose, Hemd) zum Wechseln mit. Eine feuchte Wiese oder ein Bach, in den hineingetreten wird, sind so keine Gefahr mehr.
- Auch wenn die Wettervorhersage Sonnenschein verspricht, eine Regenjacke, Regenhose, Mütze und Handschuhe passen sicher in jeden Rucksack. Sollte man sie nicht brauchen – Glück gehabt –, dann ist die Jacke noch immer als Sitzunterlage zu verwenden.
- Bequeme und wasserfeste Schuhe mit rutschfester Profilsohle sind ein Muß, um trittsicher und in der Regel trockenen Fußes voranzukommen. Im Rahmen kleinerer Spaziergänge sollten neu gekaufte Wanderschuhe unbedingt eingelaufen werden.

Rucksack

Der Rucksack ist das wohl praktischste Gepäckstück für eine Wanderung. Man kann alles verstauen und hat die Hände frei. Achten Sie aber beim Kauf darauf, daß er zum einen Ihrer Körpergröße angepaßt ist, über einen Hüftgurt verfügt, der die Schultern vom Gewicht entlasten hilft und so gestaltet ist, daß zum Rücken hin entweder ein Netzrücken oder zumindest Polster eingearbeitet sind. Diese verhindern ein direktes Anliegen des Rucksackes an den Rücken und sorgen so für ausreichend Belüftung, um bei längerem Tragen ein Schwitzen zu vermeiden.
Es gibt auch für Kinder Rucksäcke, und jedes Kind ist stolz, genauso ausgerüstet wie die Erwachsenen auf eine Wanderung zu gehen. Nur denken Sie daran, jedes Gepäckstück wird lästig, je länger man es trägt. Also fürs Kind nur ein kleiner Rucksack, in den dann auch nur ein paar Sachen gehören, wie eventuell eine leichte Jacke, kleine Spielsachen oder das Lieblingsplüschtier und die eigene Trinkflasche. Den Rest tragen Sie!

Kindertragen

Sollen noch kleinere Kinder mit auf eine Wanderung genommen werden, sind sicherlich Kindertragen ideal, denn wer will schon gerne mit Kinderwagen oder -karren durch Wälder streifen. Für den Träger, in den meisten Fällen der Vater, sollten sie folgenden Komfort bieten: ein **Hüftgurt** zur Gewichtsentlastung der Schultern, einen **Netzrücken** zur Belüftung des Rückens, einen **integrierten Rucksack,** einen **stabilen Auslegeständer,** um die Trage auch einmal abstellen zu können, ohne daß sie mit dem Kind gleich umkippt. Für das Kind sollten sie zusätzlich bieten: **Kopfstützen** (seitliche geben zusätzlichen Halt für den Kopf und Oberkörper), eine **Kind-Fixierung.** Achten Sie beim Kauf darauf, daß keine Verletzungsmöglichkeiten an scharfen Kanten bestehen oder durch Einklemmen in den beweglichen Teilen. Ebenso sollten alle lockeren Teile nicht in die Finger des Kindes geraten können, da es diese sonst in den Mund stecken und verschlucken könnte.

Sonnenschutz

Um einem Sonnenbrand vorzubeugen, ist es wichtig, sowohl im Sommer als auch im Winter, selbst bei bedecktem Himmel, eine Sonnencreme mit hohem Lichtschutzfaktor mitzunehmen. Um auch die Augen vor den in den Bergen besonders intensiven Sonnenstrahlen zu schützen, ist eine gute Sonnenbrille zu empfehlen. Ein Sonnenhut, eine Mütze oder eine sportliche Baseball-Kappe beugen einem Sonnenstich vor.

Apotheke

Eine mit den wichtigsten Utensilien versehene Apotheke sollte man auf jeden Fall dabeihaben! Kleine Schrammen können beim wilden Herumtoben schnell passieren:

- Pflaster (verschiedene Größen); Sprühpflaster ist nicht zu empfehlen, es verklebt die Wunden
- ein paar Mulltupfer als Wundauflage
- Leukoplast
- Desinfektionsspray
- Verbandszeug mit mehreren Klammern („Schwiegermütter"),
- elastische Binden
- Dreieckstuch
- ein paar Bonbons als Trostpflaster
- Schokolade als Energiespender

Essen und Trinken

Nicht zu unterschätzen ist der Hunger, den Kinder beim Wandern entwickeln. Zwar liegen an den ausgewählten Routen häufig gemütliche Jausenstationen, doch geht nichts über die selbst mitgebrachte Jause. Wunderschöne Rastplätze mitten im Wald oder auf Berggipfeln mit toller Fernsicht lassen die kulinarischen Verlockungen der Gaststätten schnell in Vergessenheit geraten. Belegte Brote, viel Obst und Gemüse, Studentenfutter, getrocknete Früchte und Schokolade treten an ihre Stelle, und wenn dann auch noch ein paar Leckerbissen wie Pudding und ein wenig Kuchen dabei sind, ist der Hunger gestillt und genügend Kraft zurückgewonnen.
In leichten, unzerbrechlichen Trinkflaschen mit festem Verschluß sollten Getränke wie Säfte oder gezuckerter Tee in großer Menge mitgenommen werden. Das Wasser aus den heimischen Bächen und Seen ist mit großer Vorsicht zu genießen! Hingegen werden die heimischen Mostbauern kaum Einspruch erheben, wenn ein paar am Boden liegende Äpfel oder Birnen verzehrt werden.

Tip: Am Ende einer Wanderung könnten die oberösterreichische Küche mit ihren böhmischen Einflüssen sowie die Erkundung heimischer Braukunst (für die Eltern) gewiß zu einer ganz besonderen kulinarischen Entdeckungsreise werden.

Kartenmaterial / Kompaß

An dieser Stelle möchten wir ausdrücklich darauf hinweisen, daß die in diesem Führer beinhalteten Kartenskizzen nur zur groben Orientierung dienen können. Daher ist es unerläßlich, sich das empfohlene Kartenmaterial zusätzlich zu besorgen. Manchmal sind auch in Broschüren der regionalen Tourismusverbände brauchbare Karten enthalten. Erhältlich ist dieses Kartenmaterial u.a. in den lokalen Tourismusbüros und Buchhandlungen. Ein mitgeführter Kompaß erleichtert die Orientierung im Gelände. Überraschend schnell erlernen Kinder den Umgang mit diesem nützlichen Wegbegleiter.

Sonstige Ausrüstungsgegenstände

- Taschenmesser
- Taschenlampe
- Fernglas
- Müllbeutel
- Badesachen
- Mobiltelefon ist nützlich

3. RICHTIGES VERHALTEN IN DEN BERGEN

Obwohl es sich bei den ausgewählten Touren sicherlich um sehr einfach zu begehende Streckenabschnitte handelt, sollten diese nicht unterschätzt werden. Plötzlich aufkommender Nebel, starker Regen oder sogar überraschend einsetzende Schneefälle haben schon häufig an sich harmlose Touren zu ungewollten Abenteuern im negativen Sinne werden lassen. Meist nur durch Unachtsamkeit und Leichtsinn geraten Bergsteiger bzw. Bergwanderer in Notsituationen. Tritt aus welchen Gründen auch immer ein Notfall ein, lautet die erste Regel: Ruhe bewahren ! Sicherlich leichter gesagt als getan. Auf jeden Fall sollten die Kinder über die anstehenden Probleme aufgeklärt werden, doch auf ruhige und sachliche Art und Weise. Spüren die „Jungalpinisten" die Unruhe der Eltern, kann dies zu Panik und Überreaktionen auf beiden Seiten führen. Im folgenden nun einige Tips für Bergwanderer, um Notsituationen zu vermeiden und, falls es schon zu spät ist, diesen wieder zu entrinnen:

Richtiges Verhalten bei Schlechtwetter

- **Wetterbericht hören,** Erkundigungen bei Einheimischen einholen und eine ständige Beobachtung der Wetterentwicklung sind ein Muß während jeder Bergwanderung. Unglaublich schnell vollziehen sich hier Wetterumschwünge.
- **Starker Regen / Schneefall:** Schon beim Packen des Rucksacks sollte darauf geachtete werden, daß die Regensachen ganz oben liegen, so daß sie im Falle des Falles schnell angezogen werden können. Lieber zu früh als zu spät den Regenschutz anlegen. Regenschirme sind vor allem bei schwierigem Gelände fehl am Platz, da man sich bei eventuellen Stürzen oder Schlitterpartien weder festhalten noch abstützen kann. Ist ein Ende des Regens nicht abzusehen, sollte die Wanderung abgebrochen werden!
- **Gewitter:** Wird man in den Bergen von einem Gewitter überrascht, ist höchste Vorsicht geboten. Auf keinen Fall sollte der vermeintliche Schutz von Bäumen, Felsvorsprüngen etc. aufgesucht werden. Auch der seit alters her verwendete Spruch „Eichen weichen und Buchen suchen" trifft nicht zu.
  Flußläufe und Seen, aber auch exponierte Klettersteige mit Drahtseilen und Eisenleitern sind zu meiden. Wenn kein schützendes Haus, keine Hütte oder kein Stadel mehr erreichbar ist, kauern Sie sich auf den Knien hockend in eine Mulde und spie-

len Sie „Igel". Dabei die Arme um die Knie legen. Um sich vom Boden abzuschirmen, empfiehlt sich ein Rucksack als Unterlage.

- **Nebel:** Empfehlenswert ist es, schon während der Wanderung möglichst häufig einen Blick in die Karte zu werfen. So weiß man auch bei plötzlich aufziehendem Nebel relativ genau, wo man sich gerade befindet. Ist dies nicht der Fall, sollte man, wenn möglich, auf dem Hauptweg zurückgehen oder sich warme Kleidung anziehen und auf Wetterbesserung warten.

Tip: Bei unsicherer Wetterlage sollte der Routenverlauf so geplant werden, daß bei einer Wetterverschlechterung innerhalb kurzer Zeit der Ausgangspunkt oder eine Gaststätte erreicht werden können.

Richtiges Verhalten bei Verirren

Grundsätzlich sollte jeder Erwachsene, der sich mit Kindern auf eine Wanderung begibt, den Umgang mit Karte und Kompaß beherrschen. Zahlreiche Lehrbücher zum Thema „Orientierung" sind in allen Buchhandlungen vertreten. Zusätzlich kann von den unterschiedlichen Bergsteigervereinigungen, wie z.B. dem Alpenverein, hierzu Informationsmaterial angefordert und mancherorts auch ein Kurs belegt werden.
Kinder sind begeistert, wenn ihnen während der Wanderung der Umgang mit Kompaß und Karte erklärt wird. Spiele wie „Wer findet den nächsten Wegweiser?" oder „Wer findet diesen Berg auf der Karte?" machen den Kindern Spaß und bewirken eine starke Einprägung des Wegverlaufs, eine wichtige Voraussetzung bei der Orientierung. Ist der Weg bereits verloren, sollte man eine Erhebung (Kleiner Gipfel, Aussichtwarte ...) aufsuchen, dort mit Hilfe des Kompasses die Karte richtungsgenau ausbreiten und versuchen, anhand eines Vergleichs der in der Karte abgebildeten Oberflächenformen und des sich bietenden Landschaftsbildes seinen Standpunkt zu bestimmen.

Alpines Notsignal

Im Notfall dient das alpine Notsignal, um auf sich aufmerksam zu machen und Hilfe herbeizuholen:

> 6 x pro Minute in regelmäßigen Abständen visuelle oder akustische Zeichen geben und diese nach einer Minute Pause wiederholen.
> Hat man sich in Bergnot Befindende gesehen oder gehört, werden als Antwort drei Zeichen pro Minute gegeben.

Handy

Leider oft wegen seines „Juppy images“ in Bergsteigerkreisen verpönt, gehört das Handy ganz ohne Zweifel zu den effektivsten Hilfsmitteln in der Bergrettung. Oberösterreich verfügt über eine relativ gute Netzabdeckung, so daß vor allem an exponierten Stellen das Telephonieren meist möglich ist. Mobiltelephone neueren Kaufdatums verfügen häufig über eine sog. Notruftaste. Hiermit kann auch bei Handys ohne Karte Hilfe angefordert werden.

Umweltbewußtes Verhalten

Umweltbewußtes Verhalten beginnt schon vor der eigentlichen Wanderung. Der richtige Einkauf für die wohlverdiente Jause auf dem Gipfel oder die Anreise zum Ausgangspunkt der Wanderung mit öffentlichen Verkehrsmitteln sind hier zu nennen.
Soziologen sehen es als erwiesen an, daß besonders den in größeren Städten heranwachsenden Kindern ein gesundes Naturbewußtsein in zunehmendem Maße verloren geht. Wanderungen mit der ganzen Familie sind hervorragend dafür geeignet, diesem Trend entgegenzuwirken.
Ein Pflanzenbestimmungsbuch bringt den Kindern Spaß und zeigt zugleich auf, welche Pflanzen auf keinen Fall gepflückt werden dürfen. Generell sollten Kinder darüber aufgeklärt werden, daß auch nicht unter Naturschutz stehende Pflanzenarten schützenswert sind und nicht abgerissen werden sollten.
Lärm sollte im Wald vermieden werden, um die hier beheimatete Tierwelt nicht zu verschrecken.

Um umweltgerechtes Verhalten zu praktizieren, ist es auch ganz wichtig, keine Abfälle liegen zu lassen! Am besten eine kleine Tüte in den Rucksack packen und darin alle Abfälle sammeln. Damit nicht zu viel überflüssiger Müll getragen werden muß, empfiehlt es sich schon beim Einkauf, darauf zu achten, Lebensmittel zu kaufen, die wenig Abfall erzeugen.

4. ZUM GEBRAUCH DES FÜHRERS

Dieser Führer ist für Familien mit Kindern im Alter von 1 bis 10 Jahren gedacht und für jeden, der eine kurze, abwechslungsreiche und interessante Wanderung im Großraum Linz (böhmisch-bayerisch-österreichisches Grenzgebiet, Mühlviertel, Region um Steyr, Hausruck) unternehmen möchte.
Die Kapitel 1 bis 5 geben zunächst allgemeine Informationen, die nicht nur demjenigen hilfreich sind, der sich zum ersten Mal mit seinen Kindern auf eine Wanderung begibt, sondern auch für jene Tips bereit hält, die schon häufiger eine gemeinsame Tour unternommen haben. Hieran schließt sich im Kapitel 6 eine Auflistung der Tourenvorschläge nach verschiedenen Kriterien (z.B. Burgen, Klammen,...) an, ehe 50 Tourenvorschläge folgen, die nach einem einheitlichen Schema gegliedert sind:
Angaben zur benötigten Zeit und dem Schwierigkeitsgrad sind bereits in der **Überschrift** zu finden.
Bei der Gehzeit wurde ein normales, durchschnittliches Erwachsenen-Gehtempo zugrunde gelegt. Entsprechend dem Alter der an der Wanderung teilnehmenden Kinder und der Übung, auf die sie bereits zurückblicken können, muß die Zeit individuell angepaßt werden.
Das „Schuhsymbol" wurde ausgewählt, um eine möglichst leichte Lesbarkeit der jeweiligen Einstufung nach dem Schwierigkeitsgrad zu erreichen:

Eine einfache Wanderung auf leicht gehbaren Wegen, die keine Schwierigkeiten aufweisen. Geeignet auch für wenig geübte Kinder, die noch nicht über ausgeprägte Trittsicherheit verfügen.

Eine so gekennzeichnete Wanderung erfordert bereits ein gewisses Maß an Trittsicherheit. Obwohl im wesentlichen als nur mäßig schwierige Tour zu werten, kann es doch dazu kommen, daß an wenigen Stellen auch einmal die Hände zu Hilfe genommen werden müssen.

Auf einer mit diesem Symbol versehenen Tour müssen die Kinder bereits über absolute Trittsicherheit verfügen, denn sie ist „schwierig" einzustufen. An manchen Abschnitten der Wanderung sollte Schwindelfreiheit gegeben sein, und manche Kletterstelle muß schon mit etwas mehr Kraft überwunden werden. Kindern und anderen

Personen, die diese Kriterien nicht erfüllen, kann mit einem Brustgurt, einer Rebschnur oder einem kurzen Seil Sicherheit geboten werden.

Im anschließenden **Informationsblock** wird in Stichworten eine Kurzcharakteristik der gesamten Wanderung gegeben:

Alter: Für Kinder ab diesem Alter ist es möglich, diese Wanderung zu bewältigen. Bei dieser Angabe kann es sich natürlich nur um einen Richtwert handeln, da die individuellen Voraussetzungen jedes einzelnen Kindes berücksichtigt werden müssen.

Zusätzlich werden hier Informationen über ⊙ Ausgangspunkt, Bahnverbindung, Busverbindung, → Wegverlauf, Stützpunkt, ☺ Was allen Spaß macht und Karten gegeben.

Im Anschluß an diese Kurzcharakteristik wird in einem ausführlichen Abschnitt **Interessantes und Wissenswertes** über die Wanderung vermittelt. Neben einigen kultur- und naturgeschichtlichen Informationen (u.a. Sagen, Kunst- und Stadtgeschichte, Geologie) soll mit diesen Beschreibungen vor allem bei Kindern Neugierde bei der Planung der jeweiligen Wanderung geweckt werden, oder man kann ihnen während der Tour einiges davon berichten.
Eine detaillierte Beschreibung der Wanderung folgt mit dem **Wegverlauf,** der zusätzlich noch durch eine **Skizze** verdeutlicht wird. Diese soll in erster Linie bei der Orientierung auf einer Karte behilflich sein; sie ersetzt keine offizielle Wanderkarte.
Abschließend werden in den **Besonderheiten in der Umgebung** weitere Hinweise auf Sehenswertes oder Freizeitangebote gegeben, die sich im Nahbereich der Wanderroute befinden. Solche Sehenswürdigkeiten können eine interessante Ergänzung sein oder, wenn schlechtes Wetter die Wanderung verhindert, eine Anregung für ein Alternativprogramm bieten.
Einen optischen Eindruck vom Charakter der Touren und einen kleinen Vorgeschmack vermitteln die im Führer enthaltenen Fotos.

5. ERKLÄRUNG DER ABKÜRZUNGEN UND ZEICHEN

....	Alter der Kinder
⊙	Ausgangspunkt
....	Bahnverbindung
....	Busverbindung
→	Wegverlauf
....	Stützpunkt
☺	Was allen Spaß macht
....	Karten
!	Ausrüstung
▲	Gipfel
....	Burg, Ruine
....	Aussichtswarte
....	Schloß
....	Denkmal
....	Kirche
....	Kapelle
....	Höhle
P	Parkplatz

6. AUFLISTUNG DER TOUREN NACH VERSCHIEDENEN KRITERIEN

Große Wiesen

Kollerschlag (Tour 10)
Altenfelden (Tour 11)
Eferding (Tour 14)
Engelhartszell (Tour 15)
Reichenthal (Tour 16)
Waldburg (Tour 17)
Leopoldschlag (Tour 19)
Windhaag (Tour 20)
Gutau (Tour 26)
Königswiesen (Tour 28)
St. Thomas a. B. (Tour 30)
St. Thomas a. B. (Tour 31)
Ternberg (Tour 35)
Steinbach a. d. Steyr (Tour 36)
Laussa (Tour 38)
Leonstein (Tour 40)
Spital a. Pyhrn (Tour 42)
Kremsmünster (Tour 43)
Kremsmünster (Tour 44)
Schärding (Tour 45)
Grieskirchen (Tour 46)
Gallspach (Tour 47)
Geboltskirchen (Tour 49)
Wolfsegg (Tour 50)

Flüsse, Bäche und Seen

Linz (Tour 3)
Klaffer (Tour 5)
Julbach (Tour 7)
Julbach (Tour 8)
Kollerschlag (Tour 10)
Altenfelden (Tour 12)
Feldkirchen (Tour 13)
Engelhartszell (Tour 15)
Reichenthal (Tour 16)
Rainbach (Tour 18)
Windhaag (Tour 20)
Freistadt (Tour 22)
Liebenau (Tour 23)
Lasberg (Tour 24)
Königswiesen (Tour 28)
Pierbach (Tour 29)
St. Thomas a. B. (Tour 31)
Bad Kreuzen (Tour 32)
Enns (Tour 33)
Steyr (Tour 34)
Steinbach a. d. Steyr (Tour 36)
Trattenbach (Tour 37)
Laussa (Tour 38)
Losenstein (Tour 39)
Leonstein (Tour 40)
Molln (Tour 41)
Kremsmünster (Tour 43)
Kremsmünster (Tour 44)
Schärding (Tour 45)
Grieskirchen (Tour 46)
Geboltskirchen (Tour 49)

Burgen

Linz (Tour 1)
Feldkirchen (Tour 13)
Eferding (Tour 14)
Reichenthal (Tour 16)
Freistadt (Tour 21)
Lasberg (Tour 24)

Kefermarkt (Tour 25)
Schönau (Tour 27)
Pierbach (Tour 29)
St. Thomas a. B. (Tour 31)
Bad Kreuzen (Tour 32)
Enns (Tour 33)
Kremsmünster (Tour 44)
Schärding (Tour 45)
Grieskirchen (Tour 46)
Gallspach (Tour 47)
Haag (Tour 48)
Wolfsegg (Tour 50)

Aussichtswarten

Linz (Tour 1)
Ulrichsberg (Tour 6)
Julbach (Tour 8)
Kollerschlag (Tour 10)
Liebenau (Tour 23)
Steyr (Tour 34)
Schärding (Tour 45)
Haag (Tour 48)

Klammen

Feldkirchen (Tour 13)
Königswiesen (Tour 28)
Bad Kreuzen (Tour 32)
Losenstein (Tour 39)
Leonstein (Tour 40)
Molln (Tour 41)

Möglichkeiten zum Klettern

Schwarzenberg (Tour 4)
Klaffer (Tour 5)
Feldkirchen (Tour 13)
Freistadt (Tour 21)
Schönau (Tour 27)
Königswiesen (Tour 28)
St. Thomas a. B. (Tour 30)
Leonstein (Tour 40)
Molln (Tour 41)

Höhlen

Linz (Tour 2)
Aigen (Tour 9)
St. Thomas a. B. (Tour 31)
Leonstein (Tour 40)
Kremsmünster (Tour 44)

Historische Städte

Linz (Tour 1)
Linz (Tour 2)
Linz (Tour 3)
Eferding (Tour 14)
Freistadt (Tour 21)
Freistadt (Tour 22)
Enns (Tour 33)
Steyr (Tour 34)
Kremsmünster (Tour 43)
Kremsmünster (Tour 44)
Schärding (Tour 45)
Grieskirchen (Tour 46)
Haag (Tour 48)

Spielplätze

Linz (Tour 3)
Klaffer (Tour 5)
Altenfelden (Tour 12)
Feldkirchen (Tour 13)
St. Thomas a. B. (Tour 30)
Trattenbach (Tour 37)

Berge

Linz (Tour 1)
Linz (Tour 2)
Schwarzenberg (Tour 4)
Klaffer (Tour 5)
Ulrichsberg (Tour 6)
Julbach (Tour 7)
Aigen (Tour 9)
Engelhartszell (Tour 15)
Waldburg (Tour 17)
Liebenau (Tour 23)
Kefermarkt (Tour 25)
Ternberg (Tour 35)
Steinbach a. d. Steyr (Tour 36)
Laussa (Tour 38)
Spital a. Pyhrn (42)
Haag (Tour 48)

Tiere

Linz (Tour 2)
Altenfelden (Tour 12)
Engelhartszell (Tour 15)
Gutau (Tour 26)
Schönau (Tour 27)
Steinbach a. d. Steyr (Tour 36)
Gallspach (Tour 47)

Mühlen und Schmieden

Klaffer (Tour 5)
Reichenthal (Tour 16)
Rainbach (Tour 18)
Windhaag (Tour 20)
Freistadt (Tour 22)
Lasberg (Tour 24)
Steinbach a. d. Steyr (Tour 36)
Trattenbach (Tour 37)
Laussa (Tour 38)
Losenstein (Tour 39)
Molln (Tour 41)

1 LINZ

Gehzeit: 2,5 Std. /

Stadtwanderung: Über das Schloß zum Botanischen Garten

Alter: ab ca. 3 Jahre

Ausgangspunkt: Linzer Hauptplatz

Busverbindung: Ab Bahnhof verkehren die Stadtbusse

Wegverlauf: Hauptplatz – Schloß – Martinskirche – Parkanlagen des Freinberges – Franz Josephs-Warte – Botanischer Garten – Fritz-Lach-Weg – Hauptplatz

Stützpunkt: Linz hat zahlreiche Hotels / Gasthäuser / Pensionen aller Kategorien

Was allen Spaß macht:
- Besichtigung des Schlosses
- Franz Josephs-Aussichtswarte
- Botanischer Garten

Karten: Stadtplan von Linz (erhältlich bei der Touristeninformation am Hauptplatz, Tel.: 0732/7070-1779, Fax: 0732/772873)

Seit Generationen ist die Ummauerung des Linzer Schlosses der beliebteste Aussichtspunkt und Ausflugsziel der Linzer. Von dort verschafft man sich einen Überblick über die malerisch am Donauufer gelegene Stadt. – Das mächtig auf dem Römerberg thronende Schloß entstand aus einer mittelalterlichen Befestigung und wurde 1477 von Kaiser Friedrich III. und Ende des 16. Jh. von Kaiser Rudolph II. erweitert. Während der Franzosenkriege (1800) nutzte man es als Lazarett, als ein Feuer von hier aus den großen Stadtbrand verursachte. Heute beherbergt das Schloßmuseum die kunst- und kulturgeschichtliche Sammlung der Stadt von der Romanik bis hin zum Jugendstil. Kinder sind vor allem von den Waffen, Musikinstrumenten und der volkskundlichen Sammlung begeistert. Im weiteren Verlauf der Wanderung wird die Martinskirche, die älteste, noch im ursprünglichen Zustand erhaltene Kirche Österreichs, erreicht (Baubeginn 799).

Über den Dächern von Linz gelegen, bietet der Botanische Garten auf 4,25 ha mit 10.000 verschiedenen Pflanzenarten einen interessanten Überblick über heimische und fremdländische Flora. Neben dem Rosarium und dem Tropenhaus sind auch amerikanische und asiatische Gehölze, insektenfangende Pflanzen sowie eine der größten Kakteensammlungen Europas zu bestaunen.

Wegverlauf

Vom Linzer Hauptplatz geht es durch die Hofgasse zum Rudolfstor des Linzer Schlosses hinauf. Über den Schloßhof weiter zu den Bastionen des Friedrichstores und von dort in die Römerstraße, von der es nicht weit zur beeindruckenden Martinskirche ist. Gegenüber dem Haus Römerstraße 83 wird von der Römerstraße abgebogen und der weitere Weg durch die Parkanlagen des Freinberges (Fitneß-Parcours) gewählt. Nach einem leichten Anstieg (Stiegen) gelangt man zur Franz Josephs-Warte (schöner Blick auf das Donautal und die Stadt). Am Bildungszentrum Jägermayrhof wandert man weiter über die Freinbergstraße und den Edelweißberg hinab zur südlich gelegenen Sonnenpromenade. Auf dem Weg zum Maximilianweg werden u. a. das Haus der Barmherzigkeit und die Volkssternwarte passiert. Der kurze Abstecher von der Freinberg- in die Roseggerstraße zum Botanischen Garten ist sehr zu empfehlen. Nach dem Überqueren der Freinbergstraße geht es anschließend, mit schönen Ausblicken auf die Innenstadt, den Stiegenabgang zum Fritz-Lach-Weg hinunter zur Mariahilfgasse. Von hier ist der Ausgangspunkt über Hirschgasse, Klammstraße, Promenade, Theatergasse und Klosterstraße zu erreichen.

Besonderheiten in der Umgebung

- Sehenswürdigkeiten der Stadt u.a.: Hauptplatz (Altes Rathaus, Glockenspiel [Hauptplatz Nr.18], Dreifaltigkeitssäule), Landestheater, Bischofshof, Neuer Dom, Karmeliterkirche, Ursulinenkirche, Seminarkirche, Stadtmuseum Nordico, Alter Dom, Stadtpfarrkirche
- Donauschiffahrt: Linz – Ottensheim – Linz (1 Std. 40 Min.)

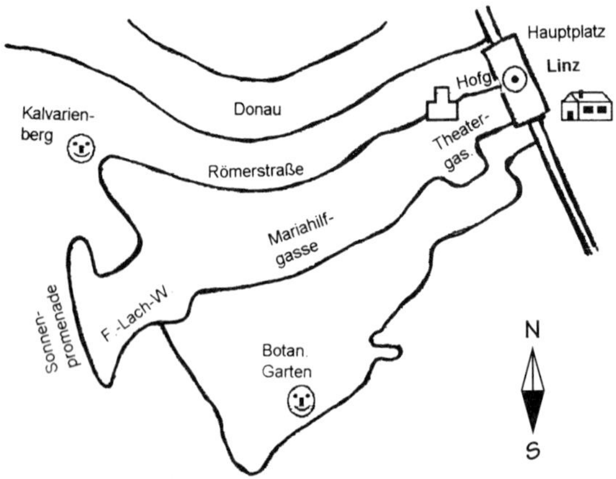

Linz: Donaublick (Tour 1)

Grottenbahn am Pöstlingberg (Tour 2)

2 LINZ *Gehzeit:* ca. 2,5 Std. /

Stadtwanderung: Linzer Tiergarten und Grottenbahn

Alter: keine Einschränkung

Ausgangspunkt: Linzer Hauptplatz

Busverbindung: Ab Bahnhof verkehren die Stadtbusse

Wegverlauf: Hauptplatz – Donauufer – Pöstlingbergbahn – Linzer Tiergarten – Gipfel des Pöstlingberges – Kreuzweg – Petrinum – Hauptplatz

Stützpunkt: Linz hat zahlreiche Hotels / Gasthäuser / Pensionen aller Kategorien

Was allen Spaß macht:
- Linzer Tiergarten
- Gipfel des Pöstlingberges
- Grottenbahn mit Märchenlandschaft

Karten: Stadtplan von Linz (erhältlich bei der Touristeninformation am Hauptplatz, Tel.: 0732/7070-1779, Fax: 0732/772873)

Auf den Hausberg von Linz, den Pöstlingberg, führt seit 1898 die Pöstlingbergbahn in 16 Min. hinauf. Auf einer Strecke von 2,9 km überbrückt sie einen Höhenunterschied von 255 m. Damit ist sie Europas steilste Schienenbergbahn, was selbst für das Guinness Buch der Rekorde einen Eintrag Wert war. Wer den Berg somit nicht erwandern will, kann daher auch mit den alten Straßenbahnwaggons aus der Jahrhundertwende hinauffahren. Man sollte aber an der Haltestelle Schableder aussteigen, um den Linzer Tierpark zu besuchen, wo ca. 900 Tiere mit mehr als 123 Arten zu bestaunen sind. Bei den kleineren Gästen steht das Streicheltier-Gehege ganz hoch im Kurs. Gut gepflegte Wege führen durch den grünen Park mit seinen Gehegen, Volieren, Terrarien und Aquarien.
In dem ehemaligen maximilianischen Befestigungsturm am Pöstlingberg ist die Grottenbahn eingerichtet worden, die bei jedem erwachsenen Linzer Kindheitserinnerungen weckt. Der Minizug des „Drachenexpreß" durchfährt eine bunt erleuchtete Kulisse von Szenen aus Märchen mit lebensgroßen Figuren. Am Ziel dieser märchenhaften Reise wartet im Untergeschoß des Turms das maßstabgetreue Modell (1:7) des Linzer Hauptplatzes aus der Zeit der Jahrhundertwende. Auf dem Berg selbst sollte aber auch unbedingt die barocke Wallfahrtskirche (1738), das Wahrzeichen der oberösterreichischen Landeshauptstadt, besucht und der Blick von der sich unterhalb der Basilika befindenden Aussichtsterrasse genossen werden. Bei guter Sicht reicht das Panorama über Linz bis zu den Alpen.

Wegverlauf

Die abwechslungsreiche und für Kinder sicher spannende Wanderung startet am Hauptplatz. Beim Neuen Rathaus gelangt man über den Donauabgang zur Donau. Dem Ufer aufwärts folgend, wird zunächst die schön renovierte Weberschule erreicht. An der Talgasse werden die Gleise der Mühlkreisbahn überquert. Weiter geht es durch die Berggasse; danach führt der Weg für diejenigen, die nicht mit der Bergbahn fahren wollen, durch die Merkursiedlung neben Europas steilster Schienenbergbahn den Pöstlingberg hinauf. An der Haltestelle Schableder ist ein Besuch des Linzer Tiergartens (Wildflachweg) angesagt. Anschließend geht es weiter zum Gipfel des Pöstlingberges (537 m). Neben weiten Aussichten auf die Stadt und mehreren Restaurants wird Kinder vor allem eine Fahrt mit der alten Grottenbahn begeistern. Über den steilen, aber gut zu gehenden Kreuzweg ist das Petrinum, ein Gebäude mit 999 Fenstern, das erste Ziel des Rückweges, ehe es über Leisenhofstraße, Doppelbauerweg, Rosenauerstraße zurück zur Hauptstraße geht. Über die große Donaubrücke führt der Weg dann abschließend zum Hauptplatz zurück.

Besonderheiten in der Umgebung

- Donauufer mit Brucknerhaus
- Sehenswürdigkeiten der Stadt
- Donauschiffahrt: Linz – Ottensheim – Linz

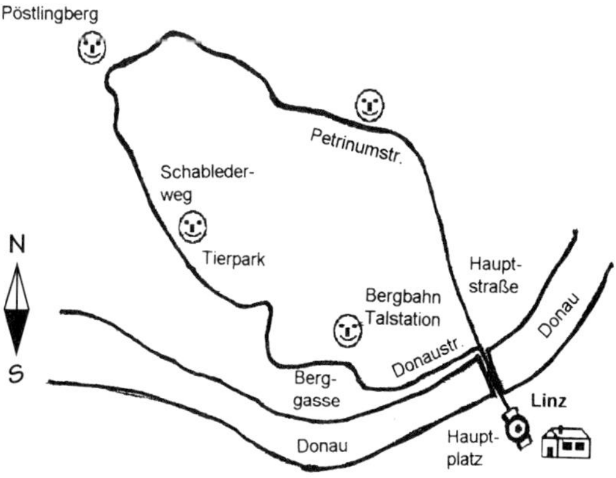

3 LINZ *Gehzeit:* ca. 3,5 Std. /

Stadtwanderung: Entlang der Donau zum Pleschinger Badesee

Alter: keine Einschränkung
Ausgangspunkt: Hauptplatz (Finanzgebäude Ost)
Busverbindung: Ab Bahnhof verkehren die Stadtbusse
Wegverlauf: Hauptplatz – Donaupark – Brucknerhaus – Abenteuerspielplatz – Donaudamm – Pleschinger Badesee – Treppelweg – Nibelungenbrücke – Hauptplatz
Stützpunkt: Linz hat zahlreiche Hotels / Gasthäuser / Pensionen aller Kategorien
Was allen Spaß macht:
- Donauufer
- Abenteuerspielplatz
- Pleschinger Badesee

Karten: Stadtplan von Linz (erhältlich bei der Touristeninformation am Hauptplatz, Tel.: 0732/7070-1779, Fax: 0732/772873

Der Linzer Hauptplatz, mit 13.000 m^2 der größte mittelalterliche Stadtplatz Österreichs, wurde im 13. Jahrhundert angelegt. Die beeindruckende Kulisse der ihn umsäumenden Häuser entstand in der Gotik. Die Fassaden wurden aber in der Renaissance und im Barock umgestaltet. Anläßlich der Hochzeit Erzherzog Ferdinands mit Anna von Ungarn (1521) fand auf diesem Platz das „Losensteiner Turnier" statt. Weniger friedlich ging es während der Bauernkriege zu, als zahlreiche Anführer dort enthauptet wurden. Bis 1716 war es auch üblich, daß Übeltäter auf dem Platz an einem Pranger das Gespött der Bürger über sich ergehen lassen mußten. Nach einem Besuch des Linzer Glockenspiels (11, 14, 17 Uhr) geht es hinunter zum Donauufer. Hier wird das moderne Linz sichtbar. Auf der gegenüberliegenden Donauseite befinden sich die neuen Verwaltungsgebäude der Stadt, und beim Weitergehen diesseits der Donau gelangen wir zum Konzertgebäude des Brucknerhauses. Das im Volksmund als „Linzer Torte aus Stahl und Glas" bezeichnete Konzert- und Veranstaltungszentrum nimmt dank seiner besonderen Akustik und des internationalen Bruckner-Fests (Sept./Okt.) einen wichtigen Platz im europäischen Festspielkalender ein. Aber auch am Donauufer selbst ist mit der „Linzer Klangwolke", einem Open-Air-Erlebnis aus Licht- und Lasershow und dem am folgenden Tag stattfindenden Open-Air-Konzert eine Bühne für die Musik gegeben. Kunstinteressierte werden den Skulpturen internationaler

Künstler in der Freilichtausstellung „Forum Metall" einen Besuch abstatten, während die Kinder sich auf den großen Abenteuerspielplatz (nach dem Tourotel) freuen. Bevor die Kleinen allzu müde vom Spielen sind, steuern wir weiter dem Pleschinger Badesee zu, also auf dieser Wanderung nicht das Badezeug vergessen!

Wegverlauf

Vom Hauptplatz aus kann die belebte Straße entlang des Donauufers am Finanzgebäude Ost über eine Fußgängerüberführung überquert werden. Sie führt zu den Anlagen des Donauparks. Vorbei am Konzerthaus des großen Komponisten Bruckner (1824–1896), Domorganist in Linz und St. Florian, folgt der Weg vorbei an der Skulpturensammlung „Forum Metall" und dem Abenteuerspielplatz bis zur Eisenbahnbrücke über die Donau. Nachdem diese überquert wurde, biegt man am Gasthaus Lindbauer rechts ab. Die Anlagen des Rudervereins und des Schulverkehrsgartens werden passiert. Auf der Dammkrone geht es weiter zum Freizeitzentrum Pleschinger Badesee. Nach einer erfrischenden Unterbrechung führt der Weg auf der Dammkrone weiter bis zum Minigolfplatz. Dort geht man den Damm hinunter und auf dem Treppelweg das Donauufer stromaufwärts. Auf der anderen Uferseite sind die großen Hafengebäude und die Schiffswerft zu bestaunen. Über die Nibelungenbrücke geht es schließlich zurück zum Hauptplatz.

Besonderheiten in der Umgebung

- Barockstift St. Florian (17 km außerhalb von Linz)
- Geburtshaus Anton Bruckners in Ansfelden, Augustinerstr. 3 (14 km außerhalb von Linz)

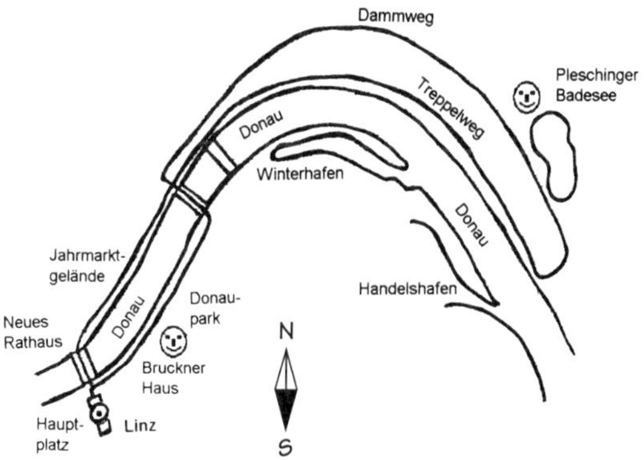

4 SCHWARZENBERG *Gehzeit:* 7 Std. /

Steinernes Meer, Teufelsschüsseln und wo sich drei Länder treffen

Alter: ab 6 Jahre
Ausgangspunkt: Schwarzenberg
Bahnverbindung: Linz Hbf. – Rohrbach – Busanschluß
Busverbindung: Bundesbus Linie 2266 Linz – Schwarzenberg
Wegverlauf: Schwarzenberg – Grenze – Rosenberger Gut – Steinernes Meer – Dreisesselberg – Plöckenstein – Teufelsschüsseln – Oberschwarzenberg – Schwarzenberg
Stützpunkt: Schutzhaus Dreisesselberg, Tel.: 0049 (0) 8556/ 350, Fax: 0049 (0) 8556 466
Was allen Spaß macht:
- Kraxeln auf riesigen Felsblöcken
- Gipfelerlebnisse
- über drei Ländergrenzen gehen
- Übernachtung in einer Schutzhütte

Karten: Freytag & Berndt WK, Blatt 262 / Böhmerwald – Mühlviertel – Moldaustausee, 1:50.000

Drei Länder werden auf dieser Zwei-Tages-Tour besucht: Deutschland, Österreich und Tschechien. Höhepunkt ist die Querung des Steinernen Meeres und der Gipfelsturm auf den Plöckenstein (1.379 m), den höchsten Berg des Böhmerwalds sowie den Dreisessel (1.379 m). Der Name des letzteren ist schon sehr alt. Der Sage nach trafen sich auf dem Gipfel, der die Form von drei Sesseln besitzt, drei Könige, um das Gebiet des heutigen Nordwaldes untereinander aufzuteilen. Jeder bekam das Land, auf dessen Gipfelspitze er Platz genommen hatte und in dessen Richtung er nun blickte. So sollen ziemlich friedlich Bayern, Böhmen und Österreich entstanden sein. Dieser Teil des Grenzgebietes hat durch einen der bedeutendsten Romane Adalbert Stifters (1805–1869) „Der Hochwald" (1844) eine literarische Würdigung erfahren. Zahlreiche landschaftliche Sehenswürdigkeiten sind als Schauplätze des Romans verewigt worden.
Ein besonderes Naturdenkmal ist das Steinerne Meer. Vor ca. 300 Mio. Jahren bestand hier eine natürliche Felsenburg. Durch das Eindringen und Gefrieren von Wasser in die Klüftungen des harten Granits wurde diese Felsenburg im Laufe der Jahrtausende in immer kleinere Bestandteile zerlegt (Frostsprengung). Wind und Wasser taten ihr übriges. Sie entfernten alles Feinmaterial, und es entstand das heutige Erscheinungsbild.

Für die Übernachtung empfiehlt sich eine Voranmeldung beim in Bayern gelegenen Schutzhaus Dreisesselberg. Eine Alternative hierzu ist die Jugendherberge im Rosenbergergut, wo Adalbert Stifters Romane „Witiko“ und „Der Hochwald“ entstanden sein sollen. Zu Stifters Gedenken sind im „Ladenstöckl“ zwei Gedenkräume eingerichtet worden.

Wegverlauf

Vom Ortszentrum in Schwarzenberg führt eine Abzweigung hinauf zum Skulpturenpark. Dort links abzweigen und dem Feldweg am Fuße des Kirchberges folgen. Vom Micheleggweg nach rechts abzweigen, über den Hartmannbach am Christianhof vorbei. Nach Passieren der Glashütte Schwarzenberg, des Zinngießerhofes und des Öhlinger-Denkmals erreicht man nach ca. 3,5 km den Grenzübergang nach Bayern. Dem linken Weg folgen und an der Hauptstraße rechts in Richtung Rosenbergergut abbiegen. Nach diesem links in den Wald abbiegen. Hier führt ein steiler Waldweg über das Steinerne Meer hinauf zum Dreisessel, dem heutigen Etappenziel. Am folgenden Tag führt der Weg über die Dreieckmark hinauf zum Plöckenstein. Vom Adalbert Stifter-Denkmal bietet sich ein phantastischer Blick auf den Plöckensteiner See (CZ). Der Abstieg führt am Hufberg vorbei nach Teufelsschüsseln. Über Oberschwarzenberg gelangt man nun zurück ins Ortszentrum von Schwarzenberg.

Besonderheiten in der Umgebung

- Heimatstube Schwarzenberg (Voranmeldung im Gemeindeamt). Geschichte u.a. aus der Zeit der Glaserzeugung und der Zinngießerei

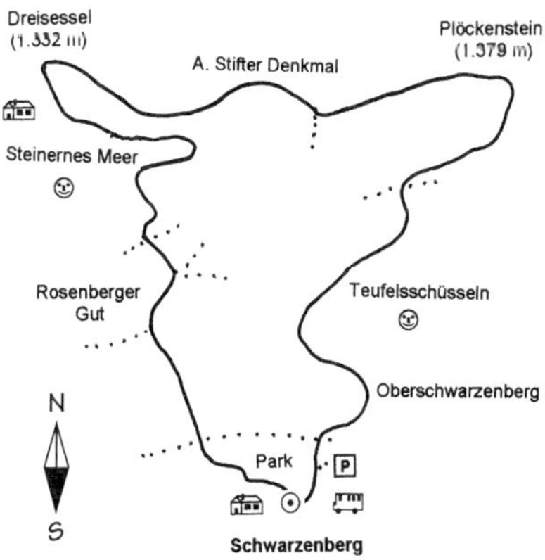

5 KLAFFER *Gehzeit:* ca. 5,5 Std. /

Auf leichten Steigungen hinauf in den Böhmerwald

Alter: ab 5 Jahre

Ausgangspunkt: Hotel „Zum Passauer Richter“ in Klaffer

Bahnverbindung: Regionalbahn Linz Hbf. – Rohrbach / Busanschluß

Busverbindung: Bundesbus Linie 2266 Linz – Schwarzenberg

→ *Wegverlauf:* Klaffer – Sportplatz – Russenstein – Holzschlag – Pfaffetschlag – Freundorf – Rading – Klaffer

Stützpunkt: Gasthof / Hotel „Zum Passauer Richter“, 4163 Klaffer 41, Tel.: 07288/6509, Fax: 07288/8595

Was allen Spaß macht:
- duftender Kräutergarten
- gepflegter Badesee
- vier Kinderspielplätze
- Mühlviertler Hügellandschaft

Karten: Freytag & Berndt WK, Blatt 262 / Böhmerwald – Mühlviertel – Moldaustausee, 1:50.000

Eine Wanderung mit nur leichten Steigungen durch die Mühlviertler Hügellandschaft und zu schönen Aussichtsplätzen. Am Fuße des Hochficht gelegen, bietet Klaffer auch die Möglichkeit, Windsurfern am Urlsee zuzusehen oder selbst in einem schönen Badesee (beim Campingplatz) baden zu gehen. Sehr lohnenswert erweist sich am Ende der Wanderung ein Besuch des Heilkräutergartens in Klaffer (geöffnet: 1. Mai – Okt., tgl. 9–17.00 Uhr. Tel.: 07288/6419), auch wenn bereits die Vorstellung von einem erfrischenden Bad lockt. Auf fast 8.000 m^2 werden über 500 heimische Heilpflanzen gezeigt. Besonders zu empfehlen ist ein Besuch in der Zeit von Juni bis August, wenn fast alle Kräuter in Blüte stehen. Im Mai hingegen blühen vor allem die Alpenpflanzen (u.a. Enzian, Erika, Almrausch). Alljährlich am 15. August findet die Kräuterweihe statt.
Eine besondere Sehenswürdigkeit dieser Wanderung ist der Russenstein. Mitten auf einer Waldlichtung liegen mehrere Granitblöcke. In den größten hat ein russischer Besatzungssoldat während des Zweiten Weltkrieges in kyrillischer Schrift eingeritzt: „Tod dem Organisator der Kriege.“
Im Winter ist das Skigebiet Hochficht ein beliebtes Ausflugsziel für Familien, in das von Klaffer aus auch ein Gratis-Skibus verkehrt. Fünf Schlepplifte und ein Sessellift (Höhenunterschied 370 m) erschließen das Gebiet für Wintersportler (auch Langlaufloipen sind vorhanden).

Wegverlauf

Vom Ortszentrum in Klaffer folgt der Weg zunächst hinunter zum Karpfenteich in Richtung Sportanlagen. Der nun beginnende Panoramaweg führt am Pröll-Marterl vorbei hinauf zu einem Bauernhof. Ein leicht ansteigender Waldweg, den auch Kinder mühelos schaffen, führt vorbei am Russenstein und hinauf zum Aussichtspunkt über den Urlsee und Badesee, bei dessen Anblick sich sicherlich alle bereits auf ein Bad am Ende der Wanderung freuen. Weiter bergauf geht es bis zum Mitgutsch-Marterl und im weiteren Verlauf vorbei an der Talstation des Zwieselbergliftes zum Jugendheim Holzschlag. Bei der Zollhütte wird die Asphaltstraße verlassen und nach rechts in die Forststraße nach Pfaffetschlag eingebogen. Von dort geht es weiter hinunter zum Klafferbach. Hier sind noch die Ruinenreste der Freundorfer Mühle zu sehen. Diesem Bach folgt man nun bis zur Kreuzung mit der Straße Klaffer – Saalnau. An dieser Stelle wendet sich der Weg nach rechts, Richtung Klaffer. Nach wenigen Minuten gelangt man zum Heilkräutergarten.

Besonderheiten in der Umgebung

- Wagnereimuseum und Fleckerlteppichweberei (Zimmerbauer)
- Heilkräutergarten mit ca. 500 verschiedenen Pflanzen
- Badesee, Surfen und Fischen am Urlsee, Pferdekutschenfahrten
- Stift Schlägl

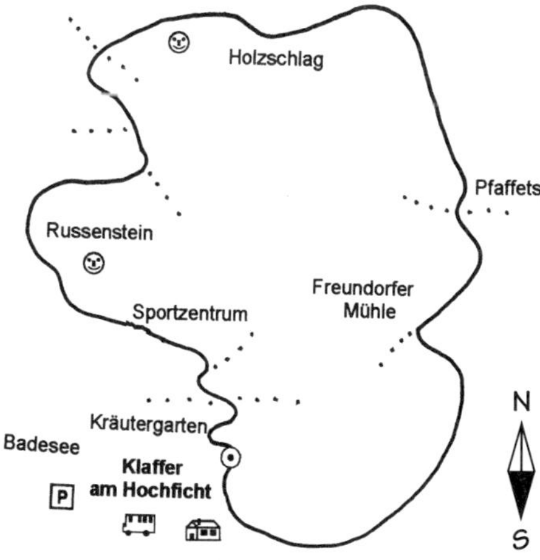

Die Teufelsschüsseln in Schwarzenberg (Tour 4)

Steinernes Meer (Tour 4)

Ameisberg-Warte (Tour 10)

Moldaublick-Warte (Tour 6)

Auf dem Weg zur Ameisberg-Warte (Tour 10)

6 ULRICHSBERG *Gehzeit:* ca. 5 Std. /

Von Ulrichsberg hinauf zum Moldaublickturm

Alter: ab 5 Jahre
Ausgangspunkt: Marktplatz Ulrichsberg
Bahnverbindung: Mühlkreisbahn Linz – Aigen / Busanschluß
Busverbindung: Bundesbus Linie 2266 Linz – Ulrichsberg
Wegverlauf: Ulrichsberg – Lichtenberg – Lichtenberghäuseln – Schöneben – Moldaublick – Hintenberg – Ulrichsberg
Stützpunkt: Gh „Sonnenhof", Hintenberg 39, 4161 Ulrichsberg, Tel.: 07288/2280, Fax: 07288/8850, Jausenstation „Blauer Hirsch", Sonnenwald 8, Tel.: 0788/8810
Was allen Spaß macht:
- herrlicher Blick über den Moldaustausee
- Wandern durch den Hochwald
- die 24 m hohe Aussichtswarte

Karten: Freytag & Berndt WK, Blatt 262 / Böhmerwald – Mühlviertel – Moldaustausee, 1:50.000

Vor Antritt der Wanderung sollte in der Ortschaft Ulrichsberg das Glasmuseum besucht werden. Über 600 Exponate, vor allem aus den vor über 100 Jahren geschlossenen Hütten Sonnenberg und Oberschwarzenberg, erinnern an die Glaskunst Böhmens.
Auf dem anschließenden Weg zur Aussichtswarte Moldaublick (1.041 m) erreicht man zunächst die kleine Siedlung Schöneben. Hier verlief früher die alte Salzstaße, die weiter nach Böhmen führte. Vor allem Salz wurde auf dieser sog. „Planerstraße", die bereits 1588 urkundliche Erwähnung fand, von den Produktionsstellen in Österreich nach Böhmen transportiert.
Absoluter Höhepunkt dieser relativ langen Wanderung ist die Aussichtswarte Moldaublick, auf dem Gipfel des Sulzberges gelegen. Bei gutem Wetter bietet sich dem Wanderer ein grandioser Blick über den Moldaustausee, oft auch als „Südböhmisches Meer" bezeichnet und einer der größten Stauseen Europas. Bei genauem Hinsehen kann man sogar bis nach Oberplan, dem Geburtsort Adalbert Stifters, schauen. Um den Besuchern einen noch besseren Ausblick als den vom Berg selbst bieten zu können, errichtete die Gemeinde Ulrichsberg 1961 hier diesen 24 m hohen Aussichtsturm. Das Gerüst diente einst als Ölbohrturm in Gänserndorf (Niederösterreich) und wurde so „recycelt".

Wegverlauf

Der Weg führt vom Marktplatz Ulrichsberg in nördlicher Richtung auf einer Teerstraße nach Lichtenberg. Hinter Lichtenberg geht es ein kurzes Stück weiter auf der Straße, bis ein kleiner Feldweg links abgeht. Wegweisung „Moldaublickweg“ nach rechts in Richtung Pfaffetschlag folgen. Nun führt der Weg weiter bergauf durch den Wald nach Schöneben (parallel zum Böhmerwaldrundweg). An der Straße liegt der Grenzübergang Schöneben nach Tschechien (von hier aus kann die Wanderung um ca. 4 km verlängert werden: Grenzübergang Schöneben – Sonnenwald – Schwarzenberger Schwemmkanal – Moldaublick).
Da die Bewohner von Schöneben und Sonnenwald nach dem Zweiten Weltkrieg ihre bisherige Kirche in Glöckelberg nicht mehr erreichen konnten, wurde 1960 unter reger Spendenbeteiligung vieler südböhmischer Flüchtlinge die sog. „Heimatvertriebenen-Kapelle“ erbaut. Nun ist es nicht mehr weit zur Aussichtswarte Moldaublick, dem Ziel der Wanderung. Der Rückweg führt an Sonnenwald vorbei über Ramenaibach nach Hintenberg und weiter zum Ausgangspunkt Ulrichsberg.

Besonderheiten in der Umgebung

- Kulturhaus Ulrichsberg
- Vogelmuseum in Aigen-Schlägl: Mit über 500 Exponaten wird die Vogelwelt des Böhmerwaldes anschaulich dargestellt (Kirchengasse, geöffnet: Sa 14.00–17.00 und So 15.00 17.00 Uhr sowie gegen Voranmeldung, Tel.: 07281/6395)
- Vitalbad Böhmerwald mit Kinderpool, Kneippbecken, Dampfbad, Sauna

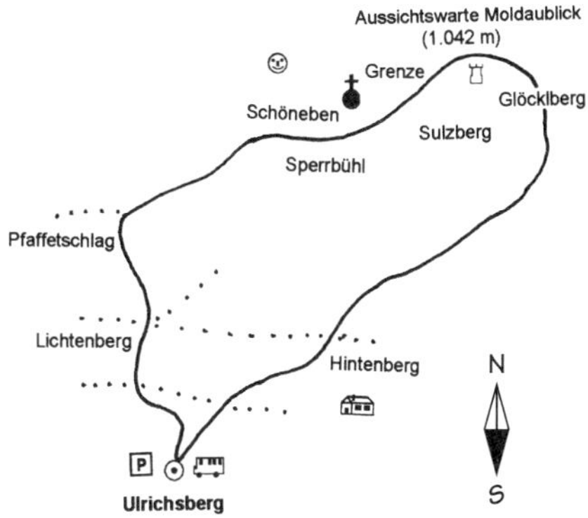

7 JULBACH

Gehzeit: ca. 3 Std. /

Schlägerbergweg zwischen dem Kleinen und dem Großen Mühltal

Alter: ab 5 Jahre

Ausgangspunkt: Ortszentrum Julbach

Busverbindung: Bundesbusse Linie 2143 / 2266 Linz – Julbach

Wegverlauf: Julbach – Berghäusln – Forst – Kirchbach – Unterthiergrub – Oberthiergrub – Präuer – Öllergattern – Kalvarienberg – Julbach

Stützpunkt: Gh Luger, 4162 Julbach 14, Tel./Fax: 07288/8116

Was allen Spaß macht:
- Rastplatz im Popp-Garten
- Jause bei Bauer Auberger
- Pause am Rastplatz Schifflerbergblick
- Kleines und Großes Mühltal

Karten: Freytag & Berndt WK, Blatt 262 / Böhmerwald – Mühlviertel – Moldaustausee, 1:50.000

Die Schlägerbergwegwanderung ist sehr gut für Familien geeignet, die noch nicht wissen, wie weit die (Kinder-) Füße tragen oder bei unsicherer Wetterlage. Die Strecke kann zwischen 5 km (über Präuer), 7 km (über Oberthiergrub) und 11 km (über Unterthiergrub) variiert werden.
In Julbach liegt der Popp-Garten, benannt nach Lina Popp, die im 19. Jh. in Julbach mehrmals ihren Urlaub verbrachte. Aus Dankbarkeit vermachte sie der Gemeinde ihr Grundstück, das in einen Kinderspielplatz und einen Park umgewandelt werden sollte. Aufgrund des milden Klimas im sog. „Meran des Mühlviertels“ gediehen in diesem Park (1901 eröffnet) viele exotische Pflanzen. Eine 100 Jahre alte Rotbuche und ein großer japanischer Fächerahorn stammen noch aus dieser Zeit. Heute befindet sich hier ein wunderschöner Rastplatz, der zum Faulenzen nach einer anstrengenden Wanderung einlädt. Hinter der Kalvarienbergkapelle liegt eine Felsformation, die „Drosselstein“ genannt wird. Beim genauen Betrachten fällt auf der Spitze des größten Felsens eine ungewöhnliche Mulde auf, deren Entstehungsgeschichte nie ganz geklärt werden konnte. Die einen sagen, daß vor langer, langer Zeit der Teufel mit einem Engel um die Seele eines Verstorbenen stritt. Als er merkte, daß der Kampf zu seinen Ungunsten ausginge, stampfte der wutschnaubende Teufel so fest mit einem Huf auf, daß er im harten Fels einen Fußabdruck hinterließ. Die anderen hingegen

behaupten stock und steif, der Teufel hätte hier Einzug gehalten, als ein Fremder aus dem Holz der alten Kapelle, die sich auf dem Drosselstein befunden haben soll, einen Kuhstall baute. Um den Teufel aus ihrem Dorf zu vertreiben, sollen die Bewohner von Julbach einen Pfarrer zu Hilfe geholt haben, der diesen ungebetenen Gast dann auf der Stelle in die Flucht schlug. Einzige Hinterlassenschaft des Teufels ist sein Hufabdruck, den er bei seiner Flucht auf dem Drosselstein hinterließ.

Wegverlauf

Ausgangspunkt ist das Ortszentrum von Julbach. Von hier geht es nach Osten in Richtung Hinterschlag / Peilstein. Beim Bauernhof auf dem Weg Julbach–Hinterort abbiegen und den Schlägerberg hinaufwandern. Vorbei an den sehr schön gelegenen Rastplätzen Schifflerbergblick, Bergwiese und Böhmerwaldblick gelangt man zum Bauernkriegsdenkmal und weiter nach Unterthiergrub. Ca. 1 km vom Denkmal entfernt kommt eine Abzweigung nach Kirchbach. Der Besuch des dortigen Gasthofes bedeutet nur einen kleinen Umweg, ist aber eine gemütliche Unterbrechung. Von Unterthiergrub geht es weiter auf der Teerstraße nach Oberthiergrub. Kurz vor der Ortschaft biegt der Weg von der Straße ab. An der Pestsäule vorbei leitet dann der Weg nach Präuer, wo eine Stärkung in Form einer zünftigen Jause eingenommen werden kann. Über Öllergattern geht es weiter zur Kalvarienbergkapelle (erbaut 1843) und zum Drosselstein, ehe es über den Kreuzweg zurück nach Julbach geht.

Besonderheiten in der Umgebung

- Heimathaus Julbach (altes Mühlviertler Auszugshäusl, 4 km außerhalb Julbachs, Führungen bei Voranmeldung Tel.: 07288/8223)
- Bäuerliches Handwerk wie Holzschnitzereien, Hinterglasmalerei

8 JULBACH *Gehzeit:* ca. 5 Std. /

Von urtümlichen Wäldern zum Golfpark Böhmerwald

Alter: ab 5 Jahre

Ausgangspunkt: Ortszentrum Julbach

Busverbindung: Bundesbus Linie 2143 Linz – Rohrbach – Peilstein – Julbach und Linie 2266 Linz – Rohrbach – Aigen – Ulrichsberg – Julbach

➜ *Wegverlauf:* Julbach – Sagberg – Kohlstatt – Luxau – Schönauberg – Golfpark Böhmerwald – Julbacher Häuseln – Julbach

Stützpunkt: Gh Luger, Julbach 14, Tel./Fax: 07288/8116

Was allen Spaß macht:
- Buchenwald am Schoberberg
- Heimathaus Julbach
- Golfpark Ulrichsberg
- Aussichtswarte Friedrichsberg

Karten: Freytag & Berndt WK, Blatt 262 / Böhmerwald – Mühlviertel – Moldaustausee, 1:50.000

In der Nähe der Quelle der Kleinen Mühl liegt die nur ca. 1.700 Einwohner zählende kleine Ortschaft Julbach. Auf Grund des hiesigen milden Klimas wird der Ort auch das „Meran des Mühlviertels“ genannt. Diese sehr angenehmen klimatischen Verhältnisse locken immer wieder viele Wanderer in den Bereich des nördlichen Mühlviertels. Im Popp-Garten (vgl. Tour 7) wachsen sogar einzelne exotische Pflanzenarten.

Eines der Ziele dieser Wanderung ist der kleine Grenzort Kohlstatt zwischen Deutschland und Österreich. Seinen Namen erhielt der Ort dadurch, daß hier einst aus dem Böhmerwald stammendes Holz geköhlert wurde. Die Kohle wurde dann zur Donau gebracht und dort verschifft.

„Aktiv sein ist in“ – unter diesem Motto wirbt die Region Julbach / Ulrichsberg für den Golfpark Böhmerwald. Die einzige 27-Loch-Anlage Oberösterreichs liegt etwas nordwestlich der Achse Julbach–Ulrichsberg, schön eingebettet in die Hügellandschaft des Böhmerwaldes. Auf 76 Hektar Fläche mit acht gut angelegten Teichen finden Anhänger des Golfsports alles, was ihr Herz begehrt. Auch ohne Mitgliedschaft kann die Golfanlage, die als eine der schönsten Mitteleuropas gilt, genutzt werden. Informationen erteilt der Böhmerwald-Golfclub Ulrichsberg (Seitelschlag 50, 4161 Ulrichsberg, Tel.: 07288/8200, Fax: 07288/8422). Demjenigen, der nicht sein Handicap verbessern möchte, macht es sicherlich Spaß, den

Sportlern bei ihren mehr oder weniger gekonnten Abschlägen zuzuschauen.

Wegverlauf

Ausgangspunkt ist das Ortszentrum von Julbach (bei der Kirche). Von dort aus geht es in südwestlicher Richtung, parallel zum Böhmerwaldrundweg, über die Kleine Mühl hinweg zum Sagberg. Hier biegt der Weg rechts den Hügel hinauf ab. Nach einem kurzen Anstieg ist der Sagberger Wald erreicht. Wegen seiner Naturbelassenheit wird dieser bei Wanderern besonders geschätzt. Weiter durch den Schiffler Wald wird die Schifflerkapelle erreicht. Hier wurde im Jahre 1880 an der Stelle eines alten Marienbildes diese kleine Kapelle erbaut. Nun ist es nicht mehr weit nach Kohlstatt. Von dort ist ein kleiner Abstecher zur Aussichtswarte Friedrichsberg möglich (ca. 30 Minuten).
Weiter geht es anschließend in nördlicher Richtung, bis der Wanderweg eine Teerstraße kreuzt. Nach rechts abbiegen und dem Wanderweg hinauf in den Wald am Schönauberg folgen. Ein einladender Rastplatz mit Blick auf Julbach ist Belohnung für den leichten Anstieg. Mit Sicht auf das Quellgebiet der Kleinen Mühl führt der Weg nun über den Schönaubach und Kleinsagberg durch den Wald hinauf zum Golfplatz Böhmerwald. Auf dem Rückweg wird zunächst die Straße Julbach – Seitelschlag benutzt. Bei der Abzweigung nach Bräuerau führt der Wanderweg links über weite Wiesen zurück nach Julbach.

Besonderheiten in der Umgebung

- Freibad Julbach: Wasserrutsche, Liegewiese

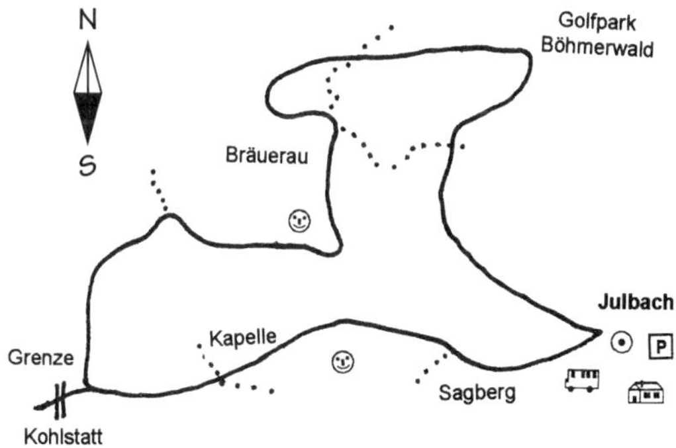

9 AIGEN

Gehzeit: ca. 8 Std. /

Schwarzenbergischer Schwemmkanal

Alter: ab 8 Jahre

Ausgangspunkt: Ortszentrum von Aigen

Bahnverbindung: Mühlkreisbahn von Linz/Urfahr nach Aigen-Schlägl

Wegverlauf: Aigen – „Räuberhöhle“ – Panyhaus – Bärenstein – Schwemmkanal – Schwedenschanze – Adalbert-Stifter-Denkmal – Aigen

Stützpunkt: Landgasthof „Bärnsteinhof“, Marktplatz 12, 4160 Aigen, Tel.: 07281/6245, Fax: 07281/6245-13

Was allen Spaß macht:
- Verstecken in der Räuberhöhle
- Ausblicke vom Bärenstein
- Alte Wehranlage „Schwedenschanze“

Karten: Freytag & Berndt WK, Blatt 262 / Böhmerwald – Mühlviertel – Moldaustausee, 1:50.000

Diese Ganztagestour stellt auf Grund ihrer Länge (ca. 25 km) hohe Anforderungen an die Kondition der Kinder. Obwohl die Wege ohne Schwierigkeiten zu bewältigen sind, ist sie nichts für ungeübte Wanderfamilien. Einen Vorteil bringt die Weglänge jedoch mit sich: es dürfte wohl wenige so abwechslungsreiche Wanderungen in dieser Region geben. Hauptattraktion ist der Schwarzenbergische Schwemmkanal. Geplant von dem Forstingenieur Jakob Rosenauer, wurde er im Jahre 1823 eingeweiht. Die Gesamtlänge der für damalige Zeiten baulichen Meisterleistung betrug ca. 52 km und beinhaltete ein ausgeklügeltes System von Bächen, Stauseen und Schleusen. Hauptproblem bei der Planung war es, die hier verlaufende europäische Wasserscheide zu überwinden. Doch es gelang. Sinn und Zweck dieses Jahrhundertbauwerkes war es, von den Nordhängen des Böhmerwaldes stammendes Holz über die Große Mühl und die Donau zu dem unter Holzmangel leidenden Wien zu flößen. Das geschlagene Holz wurde in 1 Meter lange Stücke zersägt und nach der Schneeschmelze, wenn im Kanalsystem der Wasserstand am höchsten war, ins Wasser geworfen. Über 700 Triftarbeiter, „Scheiterbehm“ genannt, sorgten entlang des Kanals dafür, daß sich keine Holzscheite am Ufer verfingen und so die Holzmassen auf ihrem Weg zur Donau behinderten. 27 Bäche sollen damals den Kanal gespeist haben und 87 Brücken mußten erbaut werden. Im Jahre 1916 wurde die Trifterei auf dem Kanal eingestellt. Bis dahin wurden über 8 Mio. m^3 Holz transportiert. Seit 1998 ist der Schwarzenbergische

Schwemmkanal von Lichtwasser (bayerisch-tschechisches Grenzgebiet) bis Haslach durchgehend zu erwandern.

Wegverlauf

Von Aigen geht es in nördl. Richtung entlang des Falkensteinerweges 110. Auf Höhe des Galgenbaches zweigt der Weg nach links zur Räuberhöhle ab (Abstecher zur Kalvarienbergkapelle zu empfehlen). Vorbei an riesigen Granitfelsen, die die Räuberhöhle bilden, führt der Weg weiter – meist durch den Wald – bis nach Grünwald. Nächstes Ziel ist der Aussichtspunkt am Bärenstein (1.077 m). Von hier hat man einen prächtigen Blick über den Schwemmkanal und den Moldaustausee auf der einen und das Tal der Großen Mühl auf der anderen Seite. Bergab wird nach einiger Zeit die Schrollenbachschleuse und die Schwemmkanalstraße erreicht. Die Bayrische Au, der nächste markante Punkt, reicht bis an den Moldaustausee heran und liegt somit im Grenzgebiet. Durch ein Moorgebiet geht es zum Damm des ehemaligen Kanals. Ihm wird bis zur Doppelbrücke gefolgt. Nun ist es nicht mehr weit bis Oberhaag, von wo aus ein Abstecher zur Schwedenschanze, einer alten Wehranlage, deren Ursprünge auf das Jahr 1469 zurückgehen, zu empfehlen ist. Von Oberhaag geht es vorbei am Adalbert-Stifter-Denkmal und der Michaelsquelle zurück nach Aigen.

Besonderheiten in der Umgebung

- Aussichtswarte Moldaublick
- Moldaustausee

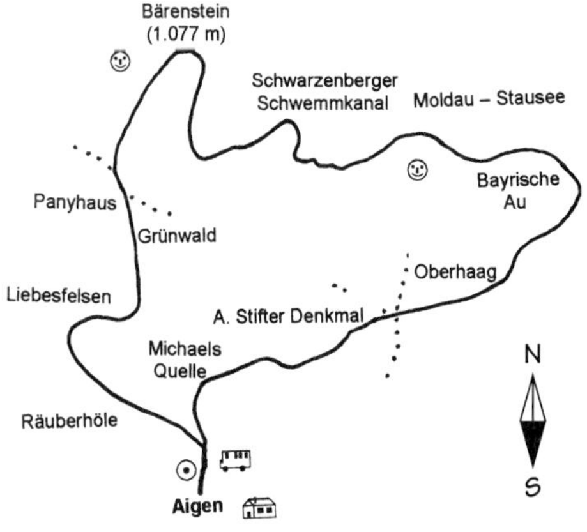

10 KOLLERSCHLAG *Gehzeit:* ca. 4 Std. /

Auf den Spuren des Dichters Hanried zur Ameisbergwarte

Alter: ab 5 Jahre

Ausgangspunkt: Marktplatz in Kollerschlag am Hanrieder-Brunnen

Busverbindung: Bundesbus Linie 2143 Linz – Kollerschlag

Wegverlauf: Kollerschlag – Duschetsedt – Gatterl – Langholz – Bärennest – Reamakreuz – Ameisberg – Hohenschlag – Kreuz am Hörbiweg – Steiningergut – Maria Bründl – Putzleinsdorf

Stützpunkt: Gh Leitner „Zur Linde“, Markt 28, 4154 Kollerschlag, Tel.: 07287/8118, Fax: 07287/8118-15 (Abholung v. Passau u. Linz)

Was allen Spaß macht:
- Ameisberg-Warte
- Teufelskanzel
- Quellen mit Heilwässern

Karten: Freytag & Berndt WK, Blatt 262 / Böhmerwald – Mühlviertel – Moldaustausee, 1:50.000

Bei dieser Wanderung wird den Spuren des in Kollerschlag geborenen Norbert Hanrieder (1842–1913) gefolgt. Als Pfarrer kehrte er nach seinem Studium in das nahegelegene Putzleinsdorf zurück und wurde als Mundartdichter berühmt („Der oberösterreichische Bauernkrieg“, „Bilder aus dem Volksleben des Mühlviertels“). Aber nicht nur die Beschreibung der beeindruckenden Landschaft und des bäuerlichen Lebens in diesem wenig entwickelten Grenzgebiet nach Böhmen machten ihn bekannt, er tat auch vieles für dessen wirtschaftliche Entwicklung. Sowohl der Straßenbau als auch der Einsatz der Mühlkreisbahn lagen ihm am Herzen, um die abgeschiedene Region besser erreichbar zu machen. Da er aber auch den Reiz der Landschaft für den Fremdenverkehr erkannte, regte er 1903 an, gleich neben der Teufelskanzel, einem Wackelstein, der dem Teufel als Kanzel gedient haben soll, die Ameisbergwarte zu errichten, um den Panoramablick über die gesamte Region bis zum Böhmerwald besser genießen zu können; ein Jahr später wurde sie um ein Schutzhaus (mit Gasthaus) erweitert. Kurz vor dem Ziel liegt Maria Bründl. Einst eine heidnische Kultstätte, wurde es vor 400 Jahren durch die angebliche Heilkraft des aus einer Quelle austretenden Wassers ein vielbesuchter Wallfahrtsort. 1716 waren sogar zwei Badehäuser in Betrieb, denen einige Heilungen zugesprochen wurden.

Wegverlauf

Vom Hanrieder-Brunnen auf dem Marktplatz in Kollerschlag (725 m ü.d.M.) geht es 2 km über den Güterweg Raidern nach Duschetsedt hinauf. Auf dem nach rechts abbiegenden Feldweg kommt man nach 1 km am Feldwies-Hof vorbei. Nach einer kurzen Wegstrecke über den Güterweg nach Albenödt geht es 4 km durch das Langholz, einem nur leicht hügeligen Gelände, bis man auf die Straße nach Mitternschlag trifft. Ihr wird gefolgt, bis der 700 m lange Anstieg zur Ameisberg-Warte (960 m ü.d.M.) hinauf beginnt. Anschließend geht es durch den Hochwald (ca. 1 km) zur Ameisbergstraße. Hinter dem letzten Bauernhaus von Hohenschlag führt der Weg links über den alten Kirchweg abwärts. Vorbei an Feldern und durch Wälder, wird das Gut Steininger erreicht. Kurz darauf gelangt man wieder auf die Ameisbergstraße. Nach Passieren des Pestmarterls geht es 300 m über die Bundesstraße, bis am Ederholz nach links auf den Güterweg Wulln abgebogen wird. Beim Fleischmann-Marterl (ca. 300 m später) biegt man vom Güterweg rechts auf einen Feld- und Waldweg nach Maria Bründl ab. Durch den Bründlwald wird der Zielort Putzleinsdorf erreicht, von wo aus es mit dem Bus zurück nach Kollerschlag geht.

Besonderheiten in der Umgebung

- Spätbarocke Pfarrkirche in Kollerschlag
- Pestsäule und Hauskapelle beim Steininger
- Wasserkapelle mit Brunnen und Lourdesstatue in Maria Bründl
- Marktplatz mit Pranger (1580), Brunnen (1766) und schönen Häusern mit Stuckfassaden in Putzleinsdorf

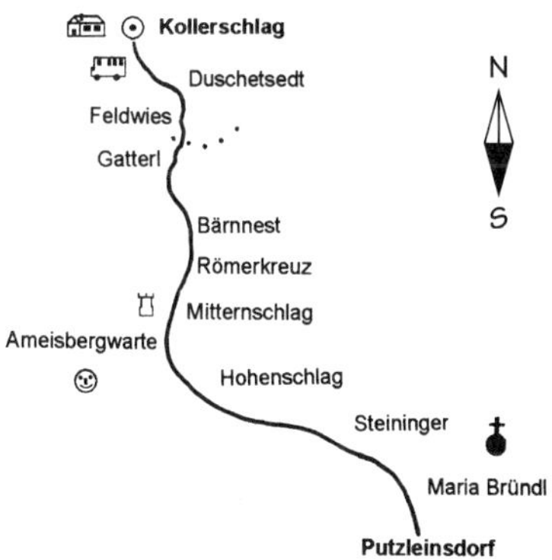

11 ROHRBACH *Gehzeit:* ca. 4 Std. /

Rund um den Maria Trost-Berg

Alter: ab 4 Jahre

Ausgangspunkt: Stadtplatz Rohrbach

Bahnverbindung: Mühlkreisbahn von Linz Hbf. nach Rohrbach

Busverbindung: Bundesbus Linie 2266 Linz – Rohrbach

➜ *Wegverlauf:* Stadtplatz – Wallfahrtskirche Maria Trost – Mosthütte – Almesmühlbach – Grail – Pfaffenberg – Stadtplatz

Stützpunkt: Gasthof-Pension Dorfner, Stadtplatz 25, 4150 Rohrbach, Tel.: 07289/4332, Fax: 07289/6934,

Was allen Spaß macht:
- Wald- und Wiesenwege
- zahlreiche Kapellen, Marterln, Statuen und Pestsäulen

Karten: Freytag & Berndt WK, Blatt 262 / Böhmerwald – Mühlviertel – Moldaustausee, 1:50.000

Inmitten der lieblichen Mühlviertler Hügellandschaft liegt Rohrbach am ehemaligen „Goldenen Steig" der Salzsäumer von Passau nach Böhmen. Kindern kann die Aufgabe gestellt werden: Wer entdeckt die nächste Kapelle! Hiervon gibt es hier einige zu sehen. Deren Errichtung geht meist auf die Erfüllung eines Gelübdes zurück, und jede verfügt über eine eigene Geschichte. Schöne Alpenfernsicht sowie Ausblicke ins Donautal begleiten den Wanderer auf seinem Weg zu zahlreichen solcher Kleindenkmäler. Zwischendrin ladet die „Mosthütte" zu einer angenehmen Jause mit aus Äpfeln und Birnen bereitetem Most und Saft.
Eine spannende Sage ist mit der Lourdeskapelle und dem Teufelsstein verbunden. Die schöne, selbstbewußte Tochter eines Häuslers wollte trotz Verbots ihrer Eltern zum Tanzen nach Rohrbach. Mit den Worten „... und wenn ich mit dem Teufel tanzen müßte!" verließ sie das Haus. Ein junger, hübscher Jäger forderte sie auf, und sie tanzten die halbe Nacht. Als sie einmal zu Boden schaute, sah sie, daß er einen Bockfuß hatte. In Panik verließ sie daraufhin die Tanzfläche und floh; doch ihr Tanzpartner folgte ihr. In letzter Not konnte sie sich in eine Kapelle retten. Ihr Verfolger durfte diese heilige Stätte aber nicht betreten, und so stampfte er wütend auf die Stufen. Der Gestank von Feuer und Schwefel hüllte ihn ein und läßt vermuten, daß der flotte Tänzer kein Geringerer als der Teufel war. Die Spuren seiner Fußabdrücke kann man noch heute auf den Steinstufen vor der „Teufelskapelle", wie sie im Volksmund heißt, sehen.

Bis auf die Pestsäulen, die an den „Schwarzen Tod“ (16. und 17. Jh.), erinnern, der ganze Landstriche auslöschte, sind die Überlieferungen zu den anderen Kapellen weniger dramatisch.

Wegverlauf

Vom Stadtplatz geht es durch die Arkaden des Rathauses (1450) zur Pfarrkirche (1697–1700) und weiter die Berggasse hinauf. Am Grimshof führt der Bergweg nach rechts bis zur Tischlerei. Weiter in Richtung des Maria Trost-Berges wird die erste Kapelle erreicht. Auf dem Weg zur Wallfahrtskirche Maria Trost passiert man anschließend: Schenk-Kapelle, Krieger-Kapelle, den Schickanus, Lourdeskapelle, Statue des hl. Johannes von Nepomuk, Standbild des hl. Nikolaus. Von Maria Trost führen Stufen zur Maria Hilf-Kapelle und weiter zur Maria Schnee-Kapelle. Durch schöne Waldlandschaft geht es zum „Heiligen Grab“. Bei der Abzweigung zur Mosthütte steht die Pestsäule am Berg. Ehe es durch den Wald weiter geht, erblickt man die Geretschläger-Kapelle. Auf dem Weg zum Bahnübergang folgen drei weitere Kapellen. Kurz hinter den Gleisen kann nach links im Wald der Weg den Almesmühlbach aufwärts gegangen werden. Beim Bildstock im Grail nach links abbiegen zur Kapelle in der Krennschmiede. An der Straßenkreuzung geht es nach links bergauf in Richtung Sexling. Nach einem kurzen Stück führt ein Güterweg steil zum Pfaffenberg hinauf. Erneut werden die Bahngleise überquert. Von der Pestsäule auf dem Pfaffenberg dann wieder nach Rohrbach zurück.

Besonderheiten in der Umgebung

- Sportzentrum mit solarbeheiztem Freibad, Fitneß-Parcours, Beach-Volleyballfeld, Inline-Skater-Anlage etc.

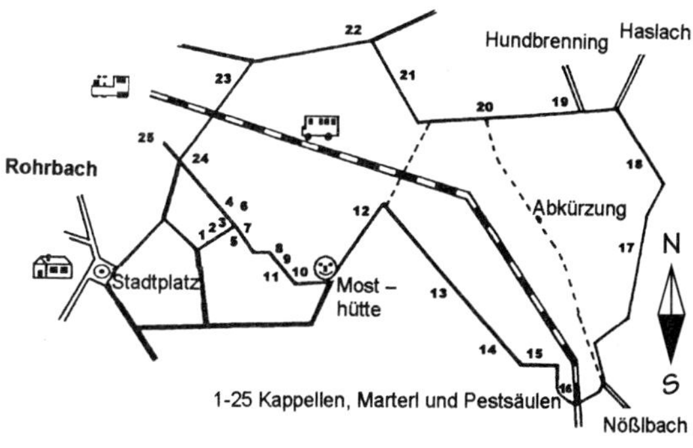

12 ALTENFELDEN *Gehzeit:* 1,5–3 Std. /

Wildparkwanderung

Alter: keine Einschränkung

Ausgangspunkt: Altenfelden

Bahnverbindung: mit der Mühlkreisbahn von Linz nach Neufelden und weiter mit dem Bus nach Altenfelden

Wegverlauf: Altenfelden – Wanderweg Nr. 50 – Wildpark – Altenfelden

Stützpunkt: mehrere Gasthöfe in Altenfelden

Was allen Spaß macht:
- herrliche Landschaft des Mühltals
- Tiergehege mit Streichelzoo und kostenlosem Bummelzug
- Greifvogelschau und Gepardenfütterung
- schöner Biergarten mit Spielplatz und Vogelvolieren

Karten: Freytag & Berndt WK, Blatt 40 / Umgebung von Linz – Wels – Steyr, 1:50.000; Faltblatt vom Wildpark (erhältlich an der Kasse)

Ein sehr spannendes und abwechslungsreiches Vergnügen bietet der Wildpark Altenfelden (Tel.:/Fax: 07282/5590, geöffnet tägl. 9–17.00 Uhr) mit mehr als 700 Tieren. Die Namen der Tiere sind an allen Gehegen genannt. Zusätzlich werden Informationen zu deren Herkunft und zum Lebensraum gegeben.
Eingebettet in die Hügellandschaft des oberen Mühlviertels, bieten die zahlreichen Gehege Möglichkeiten, heimische wie fremde Tiere beobachten zu können. Zu bestaunen sind u.a.: Känguruhs, Pampashasen, Wild- und Hängebauchschweine, Mufflons, Antilopen, Wapitis, Waschbären, Murmeltiere, Füchse und Luchse.
Kinder lieben es, die vielen Kleintiere zu streicheln oder mit Bananen und Nüssen die Affen zu füttern.
Zu den Hauptattraktionen zählt die Greifvogelschau (außer Mo. tägl. um 11 und 15.00 Uhr), bei der Adler in majestätischem Flug über die Köpfe der Besucher gleiten und die Falkner Interessantes über die Lebensbedingungen der Vögel berichten. Aber auch die Raubtierfütterung (tägl. 16.00 Uhr), bei der die Geparden ihre „Beute“ im Sprint von einem Futteraufzug reißen, ist ein Erlebnis, nicht nur für die Kleinen.

Inmitten von Wäldern und Wiesen sind verschiedene Rundgänge auf dem 80 ha großen Gelände angelegt. Auf gut ausgebauten Wegen reichen sie von einfachen Spaziergängen, die auch für Kinderwägen geeignet sind, bis hin zu anspruchsvolleren Wanderungen. Während aus verständlichen Gründen die Raubtiere nur vom Zaun aus zu beobachten sind, führen bei den friedlichen Tieren einige Wege direkt durch die Gehege. Bis auf wenige Schritte kann man sich so Hirschen mit riesigen Geweihen, Rehen oder Ziegen nähern. Schmerzen die Kinderfüße allzu sehr, können auch Teile des Parks mit einem kostenlosen Bummelzug ausgekundschaftet werden. Eine willkommene Unterbrechung bietet der gemütliche, teilweise überdachte Biergarten im Zentrum des Parks. Kinder können sich gleich daneben auf dem Spielplatz austoben.

Wegverlauf

Ausgangspunkt für diese Wanderung ist der Marktplatz von Altenfelden. In südlicher Richtung führt der Weg zunächst nach Panholz. Von dort geht es weiter zum Weiler Atzesberg (nicht zu verwechseln mit der einige Kilometer weiter nordwestlich gelegenen Gemeinde Atzesberg). Hier liegt der Wildpark Altenfelden.

Besonderheiten in der Umgebung

- Pfarrkirche Hl. Sixtus
- Wallfahrtskirche Maria Pötsch
- Dreinischenkapelle

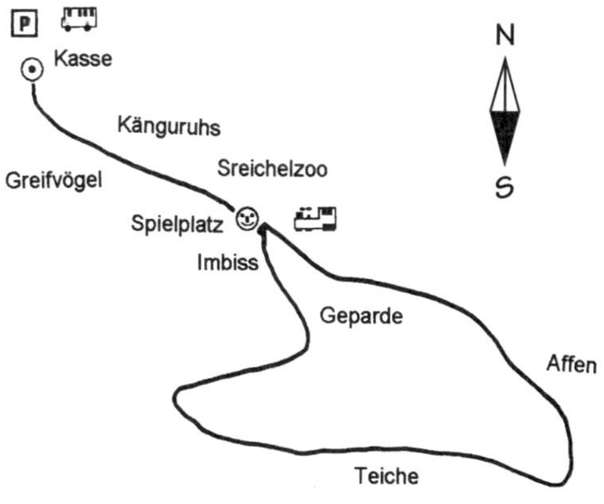

Greifvogelschau im Tierpark Altenfelden (Tour 12)

Pesenbachtal-Kerze (Tour 13)

Romantisches Pesenbachtal (Tour 13)

Hauptplatz Eferding (Tour 14)

Stift Engelszell (Tour 15)

13 FELDKIRCHEN *Gehzeit:* ca. 5 Std. /

Durch das Pesenbachtal zum Kerzenstein

Alter: ab 6 Jahre

Ausgangspunkt: Kirche von Feldkirchen

Bahnverbindung: Linz Hbf. – Ottensheim oder Lacken – Feldkirchen

Wegverlauf: Feldkirchen – Bad Mühllacken – Waldbad – Kerzenstein – Oberlandshaag – Unterlandshaag – Feldkirchen

Stützpunkt: „Faust-Schlößl", 4082 Aschach/Feldk., Tel.: 07233/7402, Fax: 07233/740240, Schloß Mühlhof, Mühldorf 1, 4101 Feldkirchen, Tel.: 07233/7241

Was allen Spaß macht:
- Naturschutzgebiet Pesenbach
- Kerzenstein-Felsen
- Waldbad in Bad Mühllacken

Karten: Freytag & Berndt WK, Blatt 40 / Umgebung von Linz – Wels – Steyr, 1:100.000

Feldkirchen (267 m ü.d.M), an einem Mäander (Flußschleife) der Donau gelegen, ist Ausgangspunkt, um das Pesenbachtal, das älteste Naturschutzgebiet im Mühlviertel, zu erkunden. Hier soll Mephisto für Dr. Faust das sagenumwobene „Faust-Schlößl" erbaut haben. 500 Jahre alt ist dieses Haus (Hotel / Restaurant), von dem man einen beeindruckenden Blick auf Aschach und die Donau hat. Der Erholungsort Bad Mühllacken war bereits im 16. Jh. ein bekanntes Heilbad. Für die medizinischen Erfolge mit Hilfe des eisenhaltigen Wassers bei Rheuma, Herz-Kreislauf- und Nervenleiden wurde der Ort 1966 mit dem Prädikat Kneippkuranstalt ausgezeichnet. Von hier erreicht man in wenigen Minuten das Pesenbachtal, dessen Schlucht mit ihrem kühlen und feuchten Klima eine einzigartige Vegetation aufweist. Während im oberen Teil des Tals Esche und Bergahorn wachsen, sind es im mittleren, engeren Abschnitt Ulmen. In den höheren Lagen ist es wärmer, und so wachsen dort Linde, Hasel, Buche, Tanne und im unteren Teil des Tales Esche, Traubenkirsche und Feldahorn. Wichtigste Sehenswürdigkeit ist der Kerzenstein, eine durch Verwitterung entstandene 12 m hohe und an ihrer schmalsten Stelle nur 2,5 m messende Granitsäule.
Wer am Ende der Wanderung noch bei Kräften ist, für den ist, 3 km von Feldkirchen (Marktplatz – Audorfer Straße – Weideter Straße) der Wasserschilift bei den Badeseen ein besonderes Vergnügen. Auf dem glatten See können selbst Anfänger auf der 1 km langen Bahn erste Stehversuche auf dem Wasser machen.

Wegverlauf

Für diese Tour sollten Kinder bereits über Wandererfahrung und gute Kondition verfügen. Von der Kirche in Feldkirchen mit ihrem frei stehenden Kirchturm geht es entlang der Hauptstraße nach Bad Mühllacken (ca. 1,5 km). Hinter dem Kneippkurhaus biegt ein Weg nach links ab. Vorbei am Waldbad und Kinderspielplatz (WC und Duschen vorhanden) führt er in das romantische Pesenbachtal. Zunächst säumen Riesenfarne und andere wild wuchernde Pflanzen den z.T. mit Stromschnellen dahinfließenden Bach. Immer wieder bilden große Felsformationen (Granit) die Kulisse auf dem fast alpin wirkenden Wandersteig zum Kerzenstein. Dieser eindrucksvolle Felsen kann nur von geübten Kletterern erklommen werden. Die Brücke über den Bach führt zum Gh. Schönreiter (Blick ins Donautal; bei Föhn bis zum Dachstein) und weiter den steilen Wiesenweg hinunter durch den Wald zur Donau bei Oberlandshaag. An der großen Donaubrücke vorbei, über die ein kurzer Abstecher (ca. 1 km) nach Aschach möglich ist, geht es nach Unterlandshaag. Über ein Teilstück des Donau-Radweges (3 km), den zahlreiche Obstbäume säumen, wird Feldkirchen erreicht.

Besonderheiten in der Umgebung

- Gotischer Flügelaltar in der Feldkirchner Kirche (um 1500)
- Aschach (Pfarrkirche [1490], Donaukraftwerk, pittoreske Fassaden der alten Bürgerhäuser)

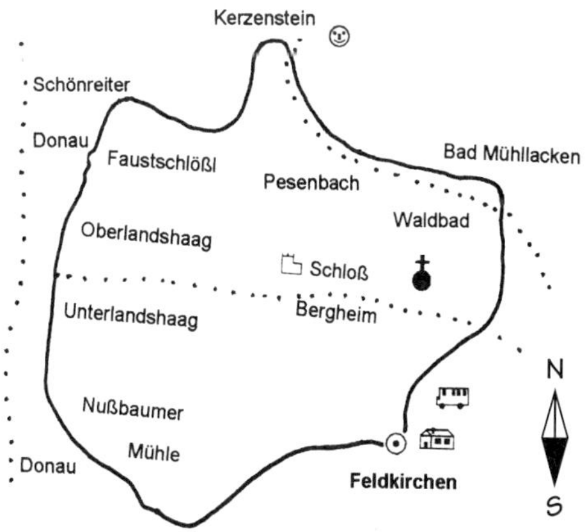

14 EFERDING *Gehzeit:* ca. 4 Std. /

Wanderung zur Ruine Schaunberg

Alter: ab 4 Jahre
Ausgangspunkt: Stadtplatz von Eferding
Bahnverbindung: von Linz mit der Lokalbahn nach Eferding
Wegverlauf: Eferding – Seebach – Landerlkapelle – Ruine Schaunberg – Flugplatz – Seebach – Eferding
Stützpunkt: Gh „Goldenes Kreuz", Schmiedstr. 29, 4070 Eferding, Tel.: 07272/4247,
Was allen Spaß macht:
- Burgruine Schaunberg
- Obst- und Gemüseland Eferdinger Becken
- Flugplatz Pupping

Karten: Freytag & Berndt WK, Blatt 40 / Umgebung von Linz – Wels – Steyr, 1:100.000

Spannend ist die Geschichte dieser kleinen Stadt an der Donau, nur 25 km von Linz entfernt. Für die Römer lag hier am Donaulimes ein wichtiger Straßenknotenpunkt, den die Bajuwaren um 500 zu einer größeren Siedlung ausbauten. Im Nibelungenlied macht die schöne, aber rachsüchtige Kriemhild auf ihrer Reise von Worms ins Hunnenland zu König Etzel in „Everdingen" Rast. Dies brachte der Stadt den Beinamen Nibelungenstadt ein. Es liegt also nahe, während der Wanderung Geschichten vom heldenhaften Siegfried zu erzählen, der im Kampf mit dem Zwerg Alberich und dem Drachen Fafner in den Besitz der Tarnkappe und des Nibelungenhorts kam. Ein Bad im Blut des getöteten Drachen machte ihn, bis auf eine Stelle des Rückens, unverwundbar. Aber nicht nur der Drachentöter, auch der düstere Hagen und die dramatischen Schicksale des Burgundenkönigs Gunter und der starken isländischen Königin Brunhilde, die nur durch eine Täuschung Gunters Frau werden konnte, bieten spannende Unterhaltung.
Nebenbei gesagt ist Eferding auch eine gemütliche mittelalterliche Stadt, die 1999 ihr 777jähriges Bestehen feiert. Vom schönen Stadtplatz aus führt eine ca. 2½stündige Wanderung zur Burg Schaunberg (1161 erste urkdl. Erwähnung). Der Weg führt durch die liebliche Landschaft des Eferdinger Beckens, die dank des hier herrschenden milden Klimas einer der reichsten Obst- und Gemüsegärten des Landes ist. Bereits im 13. Jh. berichten Mönche von den für einen solchen Anbau fruchtbaren Bedingungen in Eferding, und schon längst sind es nicht mehr nur die Erdäpfel, die hier reiche Ernte einbringen.

Der Besucher der Ruine Schaunberg kann über eine Treppe auf die 32 m hohe Mauerkrone der Nordostecke hochsteigen, um die Aussicht in die Donaulandschaft des Eferdinger Beckens und die Höhenrücken des Mühlviertels zu genießen.

Wegverlauf

Ausgangspunkt für die Wanderung ist der Marktplatz in Eferding. Hier wird zunächst in Richtung der Bundesstraße nach Linz gewandert. Diese wird überquert und dann nach Norden weitergegangen. Der Wanderweg führt nun fast gerade auf die Ruine zu. Auf dem Weg, der nur ganz schwache Anstiege aufweist, wird zunächst die kleine Siedlung Unterleiten erreicht. An der Kapelle geht es rechts nach Seebach ab. An der Landerlkapelle den linken Weg zur Ruine Schaunberg wählen. Sie verdankt ihren Namen den Herren und späteren Grafen von Schaunberg. Von dort wird dem Weg in Richtung des Flugplatzes von Pupping gefolgt. Im Ort selbst ist es möglich, den Rest bis nach Eferding mit dem Zug zurückzufahren. Zu Fuß geht es von Pupping nach Seebach und von dort den gleichen Weg nach Eferding zurück.

Besonderheiten in der Umgebung

- Wunderschöne alte Bürgerhäuser am Stadtplatz (16. u. 17. Jh.), das schönste Haus Nr. 27, und Schloß Starhemberg in Eferding
- Spätgotische Stadtpfarrkirche St. Hippolyt (1451–1505)
- Freizeit- und Erlebnisbad

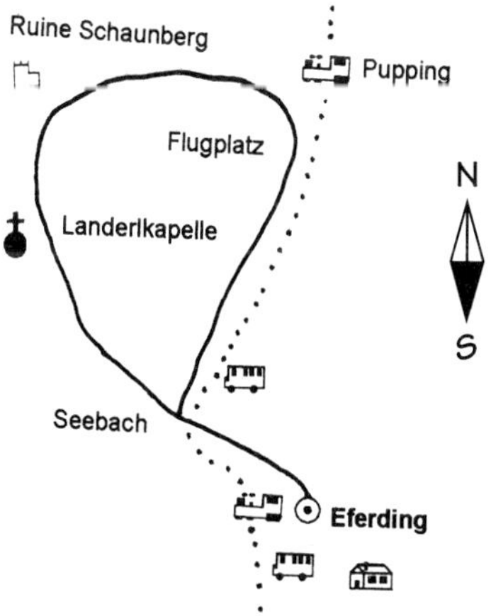

15 ENGELHARTSZELL *Gehzeit:* ca. 3,5 Std. /

Von der Donau zum Forellenzirkus und dem Jägerbild

Alter: ab 3 Jahre

Ausgangspunkt: Gemeindeamt Engelhartszell

Bahnverbindung: von Linz mit dem Donauschiff nach Engelhartszell

→ *Wegverlauf:* Engelhartszell – Sägewerk Lugmühle – Mühlbach – Forellenzirkus – Stadl – Jagabild – Haugstein – Stadl – Zigeunerbrunnen – Biotop – Raab – Engelhartszell

Stützpunkt: Gasthof-Pension Mühlböck, 4090 Engelhartszell, Tel.: 07717/8013,

Was allen Spaß macht:
- Donauschiffahrt
- Forellenzirkus
- Gipfel des Haugstein
- Biotop in altem Steinbruch

Karten: Mayr WK, Blatt 1 / Innviertel/Hausruckwald, 1:50.000

Eine Wanderung vom Markt Engelhartszell aus ist Erlebnis von Anfang an. Von Linz geht es mit dem Schiff, vorbei an der Schlögener Schlinge, direkt nach Engelhartszell. Nachdem Quartier bezogen wurde, kann ein kleiner Rundgang unternommen werden. Das einzige Trappistenkloster Österreichs im Stift Engelszell wurde 1293 gegründet. Kunstwerke von J.G. Üblher, J. Deutschmann und B. Altomonte zieren die Stiftskirche (1754–1764), eine der schönsten Rokoko-Kirchen des Landes. Die Mönche dort verkaufen einen vorzüglichen selbstgebrannten Likör.
Donauaufwärts vom „Nixenplatz“ aus verläuft der Donau-Erlebnisweg (ca. $1^1/_2$ Std.) mit vielen Stationen bis zur Donaustaustufe Jochenstein (kann passiert werden). Hier hat die Donaunixe Isa, ähnlich wie die Lorelei am Rhein, Fischer und Schiffer mit ihrem Gesang betört.
Am nächsten Tag werden es die Kinder kaum erwarten können, daß es zum Forellenzirkus (geöffnet: 10–12 und 14–18 Uhr) geht. So erstaunlich es auch klingen mag, hier führen zahme Forellen ihre Kunststücke vor. Diese Dressur liefert genug Gesprächsstoff, um – vorbei an Feldern und über Wiesen – zum Ort Stadl (720 m ü.d.M) hinauf zu wandern. Über das Donautal hinweg bietet sich ein Fernblick auf den Böhmerwald. Stadl ist ein idealer Rastplatz, ehe es bergauf zum Haugstein geht, der mit 895 m höchsten Erhebung des Innviertels. Auf dem Weg dorthin kommen Sie am „Ja-

gabild“ vorbei. 200 Jahre ist es her, daß Wilderer hier einen Jäger kopfüber angebunden hatten. Ein weißer Hirsch rettete ihn, und zum Dank erbaute der Gerettete die kleine Waldkapelle.

Wegverlauf

Vom Gemeindeamt in Engelhartszell führt die Wanderung zunächst entang der Bundesstraße, bis es nach links in die „Alte Straße“ geht. Vorbei am Wasserbassin und durch einen Fichtenwald führt der Weg leicht bergan. Von einem Bach wird die „Lugmühle“ des Sägewerks betrieben. Der Straße nach Mühlbach folgen. An der Erledtmühle, ca. 500 m nach dem Ortseingang, liegt auf der linken Seite der Forellenzirkus. Von dort ist nach ca. 1 Std. der Höhenort Stadl erreicht und nach einer weiteren $^1/_2$ Std. das „Jagabild“. Wer noch höher hinauf möchte, sollte den Anstieg auf den Gipfel des Haugsteins nicht scheuen. Zurück nach Engelhartszell geht es zunächst wieder nach Stadl. Hinter der Kirche nach links abbiegen und über den Zigeunerbrunnen den Wanderweg abwärts gehen. Links liegt ein ehemaliger Steinbruch, der zu einem Biotop „renaturiert“ wurde. Weiter bergab wird Raab erreicht. Von hier aus führt ein z.T. steiler Abstieg – mit Ausblicken nach Bayern – durch ein Waldstück und am Fallauerbach vorbei zurück nach Engelhartszell.

Besonderheiten in der Umgebung

- Dreiflüssestadt Passau (u.a. Altstadt, Dom mit größter Kirchenorgel der Welt, Feste Oberhaus)
- Von Passau und Engelhartszell sind Donauschiffahrten zur Schlögener Schlinge, der wohl schönsten Donauschleife, möglich.
- Markt Obernzell (D) mit Keramikmuseum im Schloß Obernzell

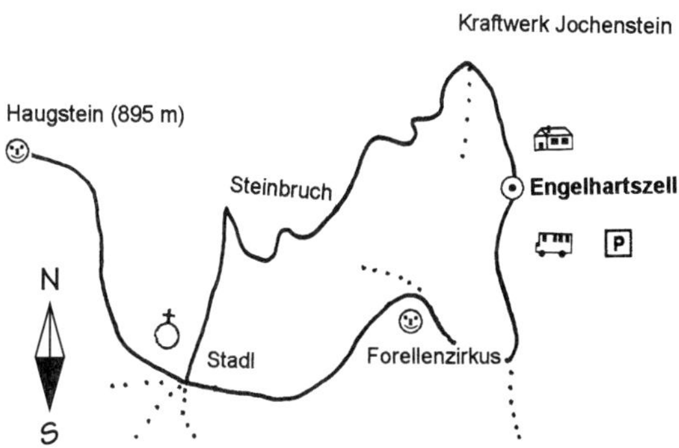

16 REICHENTHAL *Gehzeit:* ca. 4 Std. /

Mühlenwanderung – Das „Klappern am rauschenden Bach“

Alter: ab 4 Jahre

Ausgangspunkt: Marktplatz Reichenthal

Bahnverbindung: Der Ausgangspunkt ist mit öffentlichen Verkehrsmitteln nur schwer zu erreichen

→ *Wegverlauf:* Reichenthal – Schloßteich in Hayrl – Kettenbach – Stiftung – Allhut – Böhmdorf – Marktplatz Reichenthal

Stützpunkt: Gh Josef Wakolbinger, Liebenthal 19, 4193 Reichenthal, Tel.: 07214/4140

Was allen Spaß macht: • Mühlen, Sägewerke und Dorfschmiede
• Wald, Wiesen und Wasser

Karten: Freytag & Berndt WK, Blatt 261 / Mühlviertel – Freistadt – Linz/Urfahr, 1:50.000

Noch bis in die zweite Hälfte dieses Jahrhunderts war das Mühlviertel die Heimat zahlreicher Müller, die in ihren Mühlen das Korn der Bauern aus der Umgebung verarbeiteten und so Mehl für das tägliche Brot erzeugten. Erst als große Verarbeitungsbetriebe diese Aufgabe übernahmen, verlor dieser seit dem Mittelalter für die Bevölkerung lebenswichtige Berufsstand seine Bedeutung. Alle Mühlen, an die meist auch ein Sägewerk angeschlossen war, mußten schließen. Das Klappern der bis zu 6 m großen Wasserräder, die vor allem während der Schneeschmelze von den Bächen angetrieben wurden, verstummte. In Reichenthal hat man sich dieser alten Tradition besonnen. Man findet mehrere Bauten, die die Erinnerung an dieses für den nordöstlichen Landesteil Österreichs so wichtige Kulturgut wachhalten. Bei dieser Wanderung wird somit nicht nur die ursprüngliche Natur und unverbaute Landschaft genossen, sondern auch ein Eindruck von längst vergangener Handwerkstradition gewonnen.

Wegverlauf

Nicht nur die Miniaturmühle im Schaufenster der Sparkasse, auch die Mühlsteine im Park zeigen an, daß die Gemeinde besonders stolz auf ihre handwerkliche Tradition ist. Von hier führt die Schöndorfer Gemeindestraße zum Schloßteich in der Ortschaft Hayrl zur Herrenmühle (1712). Die Mühle wurde 1920 zu einem modernen Dampfsägewerk umgebaut. Entlang der größten Blumenuhr Europas geht es weiter zur Venezianer-Säge (1676). Noch heute werden hier mächtige Holzstämme zur Demonstration zersägt. Der Name der Säge stammt von deren Erfinder, Leonardo da Vinci, der im 15. Jh. die ersten Pläne für solche Sägen entwarf. Über die romantische Kettenbach-Brücke geht es zurück zum Schloßteich und weiter entlang des Güterweges Hayrl zur am Fuße des Schlosses Waldenfels gelegenen Hofmühle (erbaut 1638). Sie war im Mittelalter mit den Privilegien eines Schlosses ausgestattet. Weiter den Kettenbach entlang erreichen wir die Hammermühle. Über einen Wald- und Wiesenweg geht es zur 2,5 km Bach abwärts gelegenen Adamsmühle, in der wie überall üblich, zweimal im Jahr ca. 500 kg Roggen in 5 bis 6 Mahlgängen fein gemahlen wurden. Gleich in der Nähe, ebenfalls am Kettenbach, liegt die bereits 1704 errichtete Lorenzmühle. Ihren einstigen Reichtum bezeugt eine eigene Barockkapelle am Zufahrtsweg. Von hier führt ein Weg über Stiftung zum Gh. Wakolbinger und zur Dorfschmiede (Freilichtmuseum). Von der Lorenzmühle verläuft ein romantisches Tal zur Holzmühle (1830). Nach der Holzmühle überquert man den Kettenbach und durchwandert einen malerischen Weg zur nur 100 m von der Staatsgrenze gelegenen Süßmühle. 200 m zurück und weiter geht es entlang der Grenze zur Ortschaft Allhut, nach der ein Weg nach rechts zur Graßlmühle abbiegt. Der wohl schönste Teil der Wanderung führt dann von der Graßlmühle das Graßlbach-Tal entlang bis zur Altmühle. Nach ca. 200 m über den Güterweg Böhmdorf, direkt am Waldrand entlang, führt schließlich ein Wiesenweg zum Sportplatz Reichenthal.

Besonderheiten in der Umgebung

- Bauernmöbelmuseum in Hirschbach im Mühlkreis
- Pferdeeisenbahn in Kerschbaum bei Rainbach i.M.

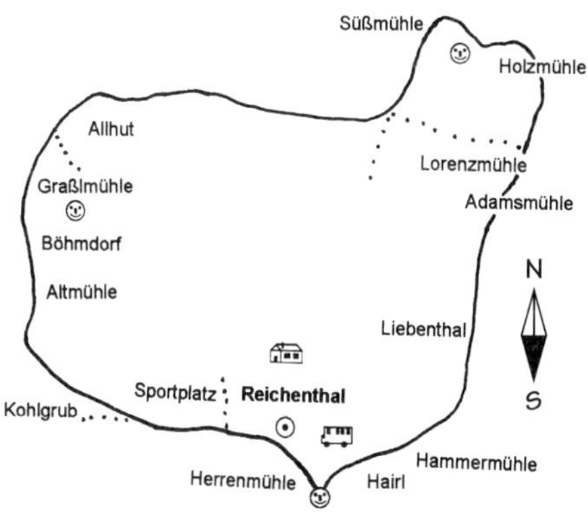

17 WALDBURG *Gehzeit:* ca. 3 Std.

Zum Schoberberg, der Seppenhöhe und dem Viadukt

Alter: ab 3 Jahre
Ausgangspunkt: Pfarrkirche Waldburg
Bahnverbindung: Linz Hbf. nach Freistadt – weiter mit dem Bus
Wegverlauf: Waldburg – Harruck – Seppenhöhe – Mitterreith – Bröslmeyerberg – Flugfeld Böhmerwaldstraße – Schoberberg – Mitterreith – Waldburg
Stützpunkt: Ferienwohnungen u. Zimmer bei Desls Ferienparadies, Marreith 23, 4240 Waldburg, Tel.: 07942/5598
Was allen Spaß macht:
- Wiesen- und Hügellandschaft
- Panoramablick
- Flugplatz Freistadt

Karten: Freytag & Berndt WK, Blatt 261 / Mühlviertel – Freistadt – Linz/Urfahr, 1:50.000

Das Gebiet um Waldburg (685 m ü.d.M.) ist ideal zum Wandern geeignet. Nur wenige leichte Anstiege müssen in der ruhigen Landschaft des nördlichen Mühlviertels bewältigt werden. Wird neben einem Aufenthalt in der Natur auch das Flair städtischen Lebens in der Kulisse einer mittelalterlichen Stadt gesucht, dann ist Freistadt nicht fern und selbst zu Fuß in nur eineinhalb Stunden erreichbar.
Die planmäßige Dorfanlage Waldburgs um die Pfarrkirche entstand gegen Ende des 12. Jh.s. Während dieser Zeit sollte auch der äußere, an Böhmen angrenzende Teil des Mühlviertels urbar gemacht werden. Waldburg wurde zum Zentrum der spätmittelalterlichen Rodungstätigkeit, von dem aus sich die Besiedlung in diesem Raum im 13. Jh. ausweitete.
Die Wanderung mit ihrer Erweiterungsmöglichkeit zum Pferdeeisenbahnviadukt beginnt an der Pfarrkirche St. Maria Magdalena. Dieses kirchenbauliche Kleinod, im wesentlichen im Stil der Romanik und Gotik erbaut, wirkt äußerlich zwar bescheiden, birgt aber in seinem Innenraum drei beeindruckende Flügelaltäre (1517), die der heiligen Maria Magdalena sowie den Heiligen Laurentius und Wolfgang geweiht sind.

Wegverlauf

Ausgehend von der Pfarrkirche von Waldburg wird der Ort in westlicher Richtung über den Güterweg Harruck verlassen. An der Weggabelung wird ein kurzer Abstecher (ca. 1 km) nach links in Richtung Harruck unternommen. Durch den kleinen Ort nach Süden bis zum

Seppenbauern gehen. Von diesem, mit 740 m höchstgelegenen Hof der Gemeinde, hat man einen prächtigen Panoramablick bis zum Ötscher. Anschließend geht es auf gleichem Weg zur Abzweigung nach Harruck zurück. Nun den nach rechts abgehenden Weg einschlagen. Hier kommt man am „Weißen Kreuz" vorbei, einem Bildstock aus dem 15. Jh. Am nächsten Wegkreuz geradeaus in Richtung der Bauernhäuser weitergehen. Die kleine Siedlung Mitterreith bleibt rechter Hand liegen. Dem Weg folgend, wird die Südseite des „Haberl"-Bauernhofes passiert. Nach ein paar Metern durch den Wald quert der Gutenbrunnerweg den Kronbach. Nur wenig später kreuzt die Hauptstraße nach Reichenthal den Weg. Auf der rechten Seite liegt der Flugplatz Freistadt. Dieser wird zunächst bis zu den Haghoferteichen umgangen. Ehe es nach Norden, Richtung Schoberberg, weitergehen kann, muß die Bundesstraße (Freistadt – Bad Leonfelden) überquert werden. Ein kurzer Anstieg zum Schoberberg folgt, ehe man zum Güterweg Lahrndorf gelangt. Nun wird der Teich des Haiplhofes passiert. Über ein kurzes Stück Feldweg gelangt man schließlich zum Kienmayrweg. Nochmals die Bundesstraße überquerend, geht es über den leicht ansteigenden Weg nach Mitterreith. Nach Osten führt der Weg durch den Ort hindurch zur Straße nach Waldburg.

Besonderheiten in der Umgebung

- Der Pferdeeisenbahnviadukt über den Kronbach ist sehr leicht zu Fuß von Waldburg aus zu erreichen (ca. 1,5 km). Von der Pfarrkirche aus geht es am Gasthof Lang und der Bodenmühle vorbei zum Viadukt
- St. Peter (gotische Doppelkirche mit Kreuzgang)

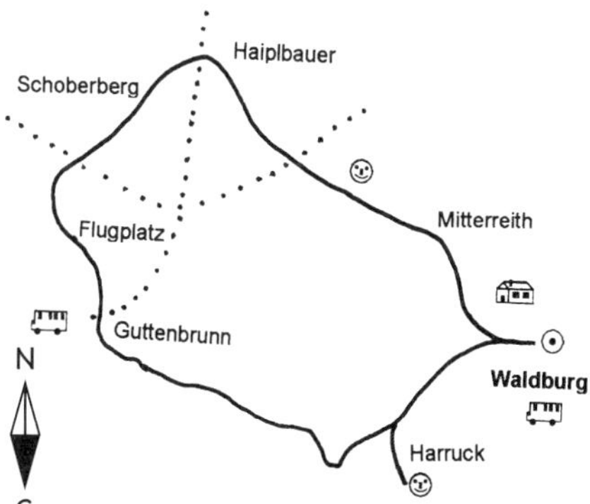

18 RAINBACH – WINDHAAG *Gehzeit:* ca. 3 Std. /

Eine Wanderung auf Ur-Wegen

Alter: ab 4 Jahre
Ausgangspunkt: Bruckmühle in Rainbach
Bahnverbindung: Linz – Freistadt und Anschluß mit dem Bus
Busverbindung: Busverbindung ab Linz Hbf.
→ *Wegverlauf:* Bruckmühle in Rainbach – Freizeitzentrum – Hochmoor Paßberger Steg – Schiffmühle – Unterpaßberg – Oberpaßberg – Pieberschlag – Windhaag
Stützpunkt: Gh Blumauer, Marktplatz 8, 4261 Rainbach, Tel.: 07949/6243, Reiterhof-Frühstücks-Pension Stöglehner, Summerauerstr. 1, Tel.: 07949/6316
Was allen Spaß macht:
- Naturbadesee im Feldaisttal
- Mühlen
- Hügellandschaft mit Aussicht auf den Böhmerwald

Karten: Freytag & Berndt WK, Blatt 261 / Mühlviertel – Freistadt – Linz/Urfahr, 1:50.000

Rainbach (712 m ü.d.M.) liegt an der im Spätmittelalter bedeutenden Salzstraße von Hallstatt nach Böhmen. Bereits die Kelten nutzten die Wege durch die waldreiche Hügellandschaft. Das seit ältester Zeit aus natürlichen Salzlaugen und dann später bergmännisch im Laugwerksverfahren im Salzburger Raum gewonnene „Weiße Gold" war in Böhmen nicht vorhanden. Der steigende Bedarf an Salz, als Speisewürze, Futterzusatz, zum Pökeln von Fleisch, zum Gerben von Leder und zur Glasherstellung, ließ einen regen Verkehr entstehen. Mit der Einführung der Pferdeeisenbahn (Linz–Budweis 1832) wurde ganz in der Nähe von Rainbach der Bahnhof Kerschbaum (heute neu renoviert) errichtet. Er war eine wichtige Rast- und Einkehrstation für Kutscher und Passagiere, während in den Stallungen die Tiere versorgt werden konnten. So verwundert es nicht, daß hier das erste Bahnhofsrestaurant Österreichs entstand. Beim Rainbacher Schmied wurden einst die Schienennägel über heißem Feuer geschmiedet. Heute kann hier jeder seinen eigenen Nagel herstellen.
Bevor Sie die Wanderung von Rainbach nach Windhaag antreten, sollten Sie noch einen kurzen Abstecher (ca. 1 km nördl. von Rainbach) zur alten Trasse der Pferdeeisenbahn (Richtung Deutsch Hörschlag) unternehmen. Dort ist als kulturhistorische Sehenswür-

digkeit eine der wenigen noch erhaltenen einbögigen, steinernen Brücken zu bestaunen.

Wegverlauf

Ausgangspunkt für diese Wanderung ist die Bruckmühle in Rainbach. Von dort geht es zunächst zum örtlichen Freizeitzentrum mit seiner zum Baden verlockenden Naturbadeteichanlage. Leicht ansteigend führt der Weg von hier in nordöstlicher Richtung zum Hochmoor Paßberger Steg. Hier befinden Sie sich dann bereits auf einem Teilstück des „Ur-Weges“, den die Kelten als Verbindung nach Böhmen wählten. Wie aufgereiht, folgen entlang der Straße die kleinen Dörfer Schiffmühle sowie Unter- und Oberpaßberg. Beim Marterl in Reisinger zweigt der Weg nach links (nördl. Richtung) ab. Leicht ansteigend durch ein Waldstück wird der Reisingerberg (886 m) umwandert, ehe es über Pieberschlag und am Galgenberg vorbei nach Windhaag geht. Ein kurzer Naturlehrpfad, auf dem Informationen zum Wald gegeben werden, schließt sich in Windhaag an. Die Wartezeit, bis der Bus nach Rainbach zurück fährt, kann in einem der 6 Museen der Mühlviertler Museumsstraße mit einer Besichtigung von Hofwieshammer, Venetiersäge, Leithenmühle, Mühlviertler Waldhaus, Handwerkerhaus und Zimmermannshaus verbracht werden.

Besonderheiten in der Umgebung

- Gotische Pfarrkirche (14. Jh.) mit Kirchenfenstern von Margret Bilger (1904–1971)
- Heidenstein in Eibenstein (nordwestlich von Rainbach)

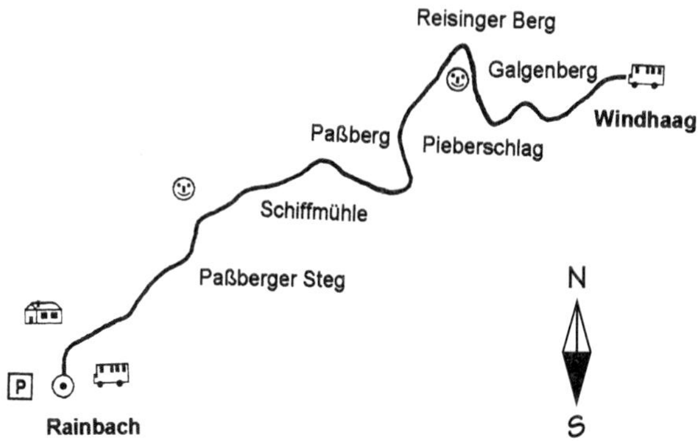

19 LEOPOLDSCHLAG *Gehzeit:* ca. 2,5 Std. /

Wandern auf der Strecke der alten Pferdeeisenbahn

Alter: ab 4 Jahre
Ausgangspunkt: Bahnhof Summerau
Bahnverbindung: Bahnlinie Nr. 14 d
Wegverlauf: Summerau – Hörschlager Brücke – Kerschbaum – Rainbach – Summerau
Stützpunkt: Gh Blumauer, Marktplatz 8, Rainbach
Was allen Spaß macht:
- Pferdeeisenbahn-Wanderweg
- Fahrt in einer originalgetreuen Pferdeeisenbahn
- Roßknödel und Gleishupfa im Gh Pferdeeisenbahn, Kerschbaum 61, Tel./Fax: 07949/6800

Karten: Freytag & Berndt WK, Blatt 261 / Mühlviertel – Freistadt – Linz/Urfahr, 1:50.000

Der Salztransport vom Salzkammergut in die böhmischen Ländereien des Kaiserreiches war sehr beschwerlich und langwierig. So begann Franz Josef von Gerstner bereits um 1807 mit der Planung zum Bau einer Pferdeeisenbahn, die von Budweis kommend über Urfahr nach Linz und weiter nach Gmunden führen sollte. Der Gütertransport (vor allem Salz) zwischen Donau und Moldau sollte so mit den von Pferden auf Schienen gezogenen Wagen erheblich verbessert werden. Franz Anton Ritter von Gerstner realisierte die Idee und konnte am 1. August 1832 das erste Teilstück zwischen Budweis und Urfahr in Betrieb nehmen. Bis 1836 wurde dann unter Federführung von Matthias Schönerer die gesamte Strecke, immerhin fast 200 km, fertiggestellt. In zunehmendem Maße wurde die Pferdeeisenbahn auch zum Personentransport genutzt. Doch die rasante technische Entwicklung dieser Zeit bereitete dieser beschaulichen Art des Reisens ein schnelles Ende. Die Dampflokomotive war im Kommen. Am 15. Dezember 1872 verkehrte der letzte von Pferden gezogene „Zug“ zwischen Urfahr und Freistadt.
Im Jahre 1992 wurde in Rainbach i. M. ein Verein gegründet, dessen Ziel es ist, die letzten noch erhaltenen Bauwerke (Bahnwärterhäuschen, Viadukte, Brücken und Schwellensteine) der Pferdeeisenbahn Budweis – Linz – Gmunden zu erhalten. Inmitten der sanften, hügeligen Landschaft des Mühlviertels liegt dieser beschauliche Ort nur ca. 7 km von Freistadt entfernt. Um Traditionspflege ist auch das Pferdeeisenbahnmuseum in Kerschbaum bemüht, in dem

originalgetreu nachgebildete Wagen zu einer Fahrt auf alten Gleisen einladen und die Museumsführerinnen in Biedermeierkostümen jede Frage beantworten. Im alten Bahnhof mit dessen Stallungen werden liebevoll Informationen zur Technik und zum Lebensstil aus der Zeit, als die Kutschen über Schienen ratterten, gegeben.

Wegverlauf

Ein gelb markierter Wanderweg führt vom Bahnhof Summerau über die Gleise nach Norden zum Bauernhof Schober, einem ehemaligen Wachthaus der Bahnlinie. Durch den Pürauwald geht es auf der alten Trasse der Pferdeeisenbahn bis zu den Gleisen der modernen Bahnlinie nach Budweis, die überquert werden. Wir lassen den Wald hinter uns und erreichen die Überführung der Deutsch-Hörschlager Straße. Nördlich der Brücke liegt ein sehr gut erhaltenes altes Wachthaus. Ein Abstecher ist empfehlenswert. Weiter der Trasse folgend, ist Kerschbaum mit dem originellen Pferdeeisenbahnmuseum und gemütlichen Gasthaus (Roßknödel probieren!) das nächste Ziel. Zurück nach Summerau geht es dann weiter über den rot markierten Wanderweg Nr. R 11 bis Rainbach und weiter auf dem Weg Nr. R 9.

Besonderheiten in der Umgebung

- Flachmoor Tobau
- Brunnen aus drei Granitsteinen, der die kontinentale Wasserscheide markiert
- Wallfahrtskirche Maria Schnee am Hiltschnerberg

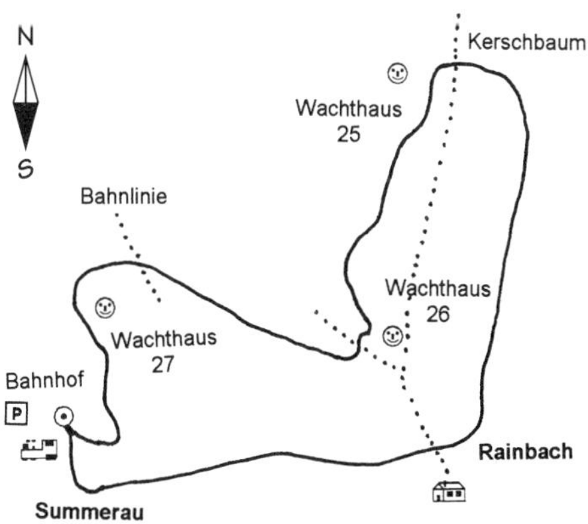

Edelbrucker Brücke (Tour 18)

Eine Fahrt mit der Pferdeeisenbahn (Tour 19)

Böhmer Tor in Freistadt (Tour 21)

20 WINDHAAG *Gehzeit:* ca. 3,5 Std. /

Mühlenwanderung über Leopoldschlag nach Wullowitz

Alter: ab 3 Jahre

Ausgangspunkt: Kregl-Schmiede

Bahnverbindung: Linz – Freistadt (Busanschluß nach Windhaag)

Wegverlauf: Windhaag – entlang der Maltsch – Granitwerke Leopoldschlag – Mardetschlag – Leopoldschlag – Kirchensteig – Wullowitz

Stützpunkt: Gh Rudelstorfer, Pieberschlag 9, Tel.: 07943/233, Gh Wieser-Pilgerstorfer, Markt 16, Tel.: 07943/234

Was allen Spaß macht:
- einziges Waldmuseum Österreichs
- Freilichtmuseum mit Sensenwerk
- Wandern entlang der Grenze

Karten: Freytag & Berndt WK, Blatt 261 / Mühlviertel – Freistadt – Linz/Urfahr, 1:50.000

Was mag wohl Anton Bruckner bewogen haben, als er in Windhaag von 1841 bis 1843 als Schulgehilfe tätig war und nachts Flußkrebsen brennende Kerzen auf den Panzer stellte, um sie dann über den Friedhof ziehen zu lassen. Das war für die Gestrengen im Orte ein wenig Spuk zuviel. Dieser makabre Streich brachte Bruckner die Versetzung ein. In der ehemaligen Schule wurde 1982 das bislang einzige Waldmuseum Österreichs eingerichtet (geöffnet: Mai–Okt. 10–12 u. 14–17 Uhr). Neben Informationen zur Ökologie des Waldes sind auch die Baumscheibe einer 450 Jahre alten Fichte und ein versteinertes Holzstück (9 Mio. Jahre alt) interessant. 200 m vom „Waldhaus" entfernt wird im Freilichtmuseum der voll betriebsfähige Sägenhammer vorgeführt, und das Handwerkerhaus „Stegwagner" (17. Jh.) gibt Auskunft darüber, wie vielfältig das Gewerbe (Schneider, Schuster, Wagner und Binder) in den Mühlviertler Dörfern war.
Nach dem Markt Leopoldschlag trifft man auf die Flurbezeichnung Hussenberg. Diese bezieht sich auf die zu Anfang des 15. Jh.s. von Böhmen ausgehenden und auch im österreichisch-bayerischen Grenzgebiet wütenden Hussitenkriege. Als Kirchenreformator wendete sich Johannes Hus v.a. gegen die Verschwendungssucht der Amtskirche und wurde als Ketzer während des Konstanzer Konzils auf dem Scheiterhaufen verbrannt (1415). Sein Tod war Auslöser für die kriegerischen Auseinandersetzungen.

Wegverlauf

Von Windhaag führt die Wanderung entlang dem Felberbach, vorbei an der Felbermühl und Hofwies, nach Mairspindt und weiter nach Norden. Am Brückenviadukt (verm. 13. Jh.) trifft der Wanderweg auf den Grenzfluß Maltsch. Ihm wird bis zur Kregl-Mühle und anschließend weiter zum Rößlhammer am einstigen Grenzübergang nach Zettwing gefolgt. Nach nur wenigen Metern erreicht man die Lexmühle. In der Nähe der Bushaltestelle biegt der Weg nach links ab. Vorbei am Steinbruch wird der Ort Mardetschlag erreicht. Im Ort nach rechts wenden und weiter über den Kirchensteig (WW L1) nach Markt Leopoldschlag. An der Hauptstraße nach links abbiegen und bei der Kirche nach rechts zur Maltsch. Anschließend folgt man dem Fluß an der Flur des Hussenberges vorbei bis zum Scherb-Marterl. Dort überquert man die Straße zum Weg L2. Durch ein Waldstück (Gerichtsholz) und später offenes, mit einzelnen Bäumen bestandenes Gelände führt der Weg bis nach Wullowitz, dem Grenzort nach Tschechien.

Besonderheiten in der Umgebung

- Waldlehrpfad
- Felsformationen, die durch Verwitterung entstanden: „Blutschüssel“ (Waldlehrpfad), „Jankaskirche“ (Waschenberg), „Opferschale“ (Elmberg)
- Markt Leopoldschlag (Marktplatz, Mühlviertler Keramikwerkstätten)
- Filialkirche Altenburg mit Fresken (1512)
- Freizeitteich am Felberbach

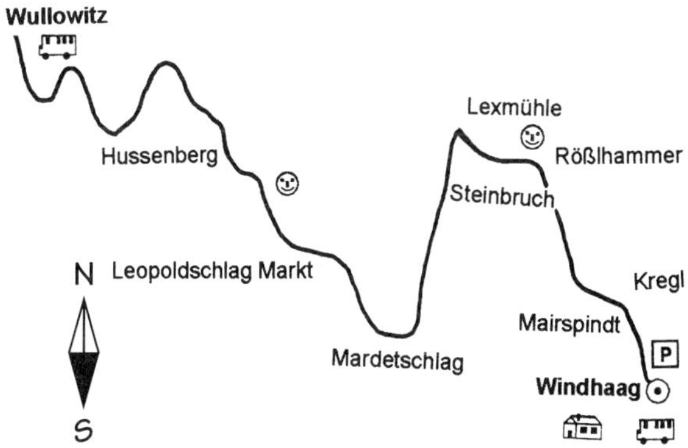

21 FREISTADT *Gehzeit:* ca. 2 Std. /

Durch Tore, auf Türme und in Schlösser

Alter: keine Einschränkung
Ausgangspunkt: Marienbrunnen am Hauptplatz
Bahnverbindung: Linz Hbf. – Freistadt (auf der Strecke Linz – Prag)
Busverbindung: Bundesbus Nr. 2084 Linz/Urfahr – Freistadt
Wegverlauf: Marienbrunnen – Schloß – Böhmertor – Liebfrauenkirche – Scheiblingsturm – Salzhof – Weyermühlturm – Linzertor – Katharinenmünster
Stützpunkt: „Ratsherrn-Stube", Hauptplatz 1, Tel.: 07942/72439
Was allen Spaß macht:
- Habsburger Schloß mit hohem Bergfried
- Mühlviertler Heimathaus (Hinterglasbilder)
- Wehrgänge und Stadttürme
- Schloßgäßchen mit gotischen Erkern

Karten: Stadtplan von Freistadt 1:12.000, kostenlos erhältlich beim Tourismusverband, Hauptplatz 12

Mitten im dichten „Nordwald", am uralten Handelsweg zwischen Donau und Moldau, wurde vom Babenberger Herzog Leopold VI. um 1220 Freistadt gegründet, die „Hauptstadt" des Mühlviertels. Siedler, die beim Aufbau der Stadt halfen, erhielten von ihm Grund und Boden sowie ein Haus als „freies Eigen", woher sich der Name Freistadt, „Die Stadt der Freien", ableitet. Von Beginn an erhielt Freistadt besondere Privilegien, um dem Vorrücken der Böhmen von Norden und der Passauer Bischöfe von Westen Einhalt zu gebieten. Nach der Verleihung des Stapel- und Marktrechtes (1277), wodurch alle durchgehenden Waren für drei Tage in der Stadt zum Kauf angeboten werden mußten, setzte eine wirtschaftliche Blüte ein. Zum Schutz vor Überfällen mußte 1363 ein Graben um die Stadt angelegt werden, und eine mehre Meter hohe wehrhafte Mauer mit acht Türmen und zwei Toren wurde errichtet. Nur den Bürgern innerhalb dieser Ummauerung war es gestattet, Handel und Gewerbe zu betreiben sowie Bier zu brauen und Wein auszuschenken. Nach dem Dreißigjährigen Krieg, in dessen Folge Böhmen Habsburger Besitz wurde, entfiel die Notwendigkeit für eine weitere Grenzsicherung nach Norden, und die Stadt verlor an Bedeutung. Noch heute ist aber das seit 1777 verbriefte Recht geblieben, daß jeder Besitzer eines

Hauses innerhalb der Stadtummauerung Miteigentümer der Bier-Brau-Commune Freistadt ist. Bei älteren Kindern empfiehlt sich ein abendlicher Stadtrundgang. Dann begegnet man dem in mittelalterlicher Uniform gewandeten Nachtwächter auf seinem Rundgang.

Wegverlauf

Vom barocken Marienbrunnen (1704) auf dem Hauptplatz in Freistadt geht es durch eine schmale Gasse an der nordöstl. Ecke des Platzes zum Schloß (1397/98). Nach der Besichtigung des Heimatmuseums wird der Schloßhof über das Schloßgäßchen zur Böhmengasse verlassen. Durch das Böhmertor geht es zur Liebfrauenkirche (1345). Zurück über die Promenade entlang des Frauenteiches zum Scheiblingsturm, von dem aus die Bewässerung des Stadtgrabens geregelt wurde, und der benachbarten Stadtschmiede. Weiter der Salzgasse folgend liegt der Salzhof. In diesem alten Schloß wurde während des mittelalterlichen Salzhandels das Salz gestapelt. Durch die Samtgasse mit ihren Arkadenhöfen (schönster: Samtgasse 8) führt der Weg über den Hauptplatz zu dessen südöstl. Ecke. Die Stiegen hinabsteigend geht es vorbei am Weyermühlturm. Von ihm aus wurde die Notmühle bewacht, in der, wenn die Stadt belagert wurde, Getreide gemahlen wurde. Entlang dem Stadtgraben kommt das „Pfefferhütl" (Dechantshofturm) in Sicht. Durch das 28 m hohe Linzer Tor (1485), dem Wahrzeichen Freistadts, geht es über die Höll-, Dechanthof- und Kirchgasse zur fünfschiffigen Stadtpfarrkirche Katharinenmünster mit ihrem 67 m hohen Barockturm.

Besonderheiten in der Umgebung

- Waldbad in der Feldaist im Thurytal
- Von Freistadt auf die Gotische Straße und den Burgen- und Schlösserweg

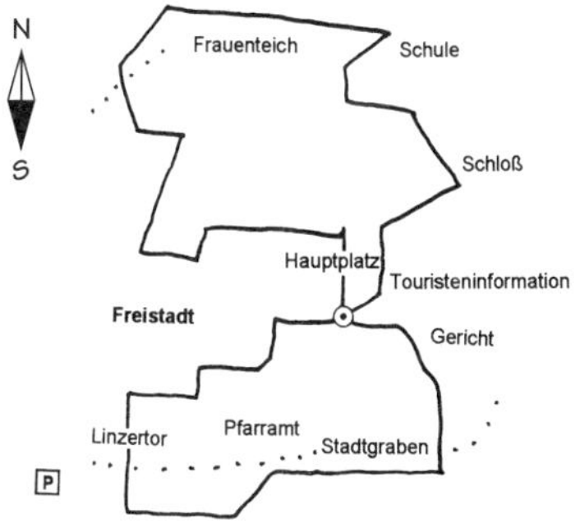

22 FREISTADT – RAINBACH *Gehzeit:* ca. 3 Std. /

Das Tal der Hämmer

Alter: ab 3 Jahre
Ausgangspunkt: Freistadt (Böhmertor)
Bahnverbindung: Der Zug von Linz nach Prag macht Station in Freistadt
Busverbindung: Bundesbus Nr. 2084 Linz/Urfahr – Neumarkt – Freistadt
→ *Wegverlauf:* Freistadt (Böhmertor) – Feldaistbrücke – ehemalige Gerberei Böck – Obere Hafnerzeile – „Tal der Hämmer" – Teufelsfelsen – Bruckmühle in Rainbach
Stützpunkt: „Ratsherrn-Stube", Hauptplatz 1, 4240 Freistadt, Tel.: 07942/72439, Privatzimmer Manzenreiter, Pembergerstr. 6, Tel./Fax: 07942/73945
Was allen Spaß macht:
- Freistadt
- Hammerwerke und Wasserräder
- Teufelsfelsen

Karten: Freytag & Berndt WK, Blatt 261 / Mühlviertel – Freistadt – Linz/Urfahr, 1:50.000

„Freistadt liegt am Frauenteich, und rundherum liegt Österreich." Ob dieser selbstbewußte Kinderspruch stimmt, das sollten Sie lieber selbst herausfinden. Nur daran vorbeifahren sollten Sie auf keinen Fall. Bereits zu Anfang dieses Jahrhunderts wurde es von Tourismuswerbern als das Rothenburg Oberösterreichs gepriesen, und genauso romantisch ist es auch. Also, bevor es in die Natur hinaus geht, noch ein kurzer Stadtrundgang (vgl. Tour 21).
Danach können im „Tal der Hämmer", eigentlich das Thurytal der „Schwarzen Grafen", mehrere Hammerwerke, Sägewerke, Wasserräder und Teichanlagen besichtigt werden. Zum größten Teil mußten sie auf Grund ihres starken Verfalls dem historischen Vorbild entsprechend restauriert werden. Bis heute ist nur die Etzelstorfer Schmiede wieder voll funktionstüchtig.
Gerade für Kinder ist diese Tour sehr gut geeignet, da außer der Besichtigung verschiedener Baudenkmäler und der eindrucksvollen alten Technik auch die romantische Flußlandschaft der Feldaist durchwandert wird. Fast auf ihrer gesamten Länge (ca. 8 km) führt sie durch das idyllische Flußtal und durch Wälder. Immer wieder bieten sich an der Feldaist Plätze an, um direkt am Wasser Rast zu

machen. Nach ungefähr einem Drittel des Weges wird der sagenumwobene Teufelsfelsen erreicht – ein Steinhaufen, den sich der Teufel ausgesucht hat, um von dort die Menschen heimzusuchen.

Wegverlauf

Ausgangspunkt für diese Wanderung auf kultur- und geschichtsträchtigem Boden ist Feistadt. Der Ort wird durch das Böhmertor verlassen. Dann nach rechts bis zur Feldaistbrücke abbiegen. Bei der früheren Gerberei Böck führt der Wanderweg (linke Seite) in die Obere Hafnerzeile. In nördlicher Richtung geht es bis nach Graben. Dort an der Bushaltestelle beim Grabenwirt nach links zur Feldaist abbiegen. Hier beginnt das „Tal der Hämmer". Entlang Hammerleiten am Teufelsfelsen und weiter in das Thurytal führt die Wanderung zur Neumühle. Nur wenig später folgen das Hammerwerk Kropfhammer und die Dorfmühle. In Apfoltern überqueren Sie die Bundesstraße und gehen weiter nach Rainbach. Am Ziel kann zur Belohnung eine Einkehr in dem der Bruckmühle in Rainbach gegenüber gelegenen Gasthaus „Fischstube" (an Sonn- und Feiertagen geschl.) stehen, ehe es mit dem Bus oder Zug von Summerau nach Freistadt zurück geht.

Besonderheiten in der Umgebung

- Freistadt (Altstadtrundgang: Tour Nr. 21)
- Gotische Kirchen: St. Peter bei Freistadt und St. Michael in Rauchenödt

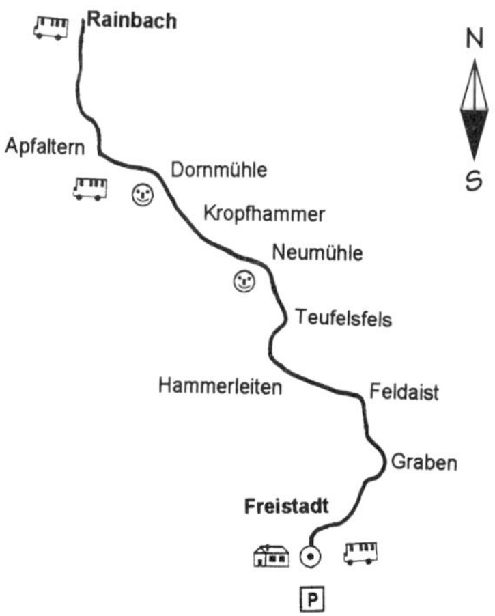

23 LIEBENAU *Gehzeit:* ca. 2 Std. /

Wanderung durch das Naturschutzgebiet Tannermoor

Alter: ab 4 Jahre

Ausgangspunkt: Rubner Teich

Busverbindung: Der Ausgangspunkt ist mit öffentlichen Verkehrsmitteln nur schwer zu erreichen

Wegverlauf: Rubner Teich – Schneider Mauer – Lehrmüller Mauer – Roggnerbach – Hochstand – Rubner Teich

Stützpunkt: Landgasthof Neulinger, Liebenau 4, Tel.: 07953/208, Fax: 07953/2084

Was allen Spaß macht:
- Baden im Rubner Moorteich
- Wandern durchs Naturschutzgebiet Tannermoor
- seltene Pflanzen und gruselige Geschichten

Karten: WK „Mühlviertler Alm“, 1:35.000, erhältlich bei den lokalen Fremdenverkehrsbüros

Die kleine Ortschaft Liebenau (ca. 2.000 Einwohner) liegt auf einer Höhe von 967 Metern, eingebettet zwischen dem Richterberg (1.024 Meter), dem Brockenberg (1058 Meter) und dem Hacklberg (959 Meter). Besonders die Aussichtswarte am Brockenberg ist ein beliebtes Ausflugsziel. Bei klarem Wetter sind die Alpen gut erkennbar. Den Schlüssel für die Aussichtswarte erhält man in den Gasthöfen in Liebenau. Im Winter kommen Langläufer in dieser Region voll auf ihre Kosten.

Hauptattraktion der Gemeinde Liebenau ist jedoch ganz ohne Zweifel das Tannermoor. Dieses ca. 120 Hektar umfassende Hochmoor wurde bereits 1983 als Naturschutzgebiet ausgewiesen. Es gehört zu den größten und wohl auch zu den schönsten Hochmoorgebieten Österreichs. Besonders schützenswert wurde es dadurch, daß seit seiner Entstehung nach der letzten großen Eiszeit (vor ca. 15.000 Jahren) keine menschlichen Eingriffe wie Rodung oder Torfstechen in diesem empfindlichen Ökosystem stattfanden. So konnte sich die heute leider sehr selten gewordene typische Moorvegetation ungestört ausbreiten. Seltene Pflanzenarten, wie der fleischfressende rundblättrige Sonnentau, der Sumpfporst, die zweiblättrige Schattenblume, die Moorbeere etc., sind hier anzutreffen. Ein mitgeführtes Pflanzenbestimmungsbuch kann vor allem für Kinder viel Spaß bringen und zugleich sehr lehrreich sein. Auf Anfrage beim Marktgemeindeamt Liebenau (Tel.: 07953/255) werden geführte Moorwanderungen unternommen. Auch Pferdefreunde sind in der Region Liebenau gut aufgehoben. Western- und Ponyreiten sowie ein Goldwäscherritt werden angeboten.

Wegverlauf

Ausgangspunkt der Rundwanderung ist der Rubner Teich. Er liegt wenige Kilometer südöstlich der Ortschaft Liebenau. Idyllisch in die Waldlandschaft eingebettet, ist der ursprüngliche Schwemmteich ein Paradies für Wasserratten. Petrijünger können hier angeln, Angelkarten gibt es beim Gemeindeamt Liebenau. Am rechten Teichufer folgt man dem markierten Wanderweg (Nr.35) bis zur Schneider Mauer, einer mächtigen Granitformation. Hier zweigt der Moorwanderweg nach links ab. Vorbei an der Lehrmüller Mauer, ebenfalls einer mächtigen Felsburg aus Granit, geht es durch die Moorlandschaft, bis linker Hand ein Hochstand erreicht wird. Von hier aus führen kleine Trampelpfade ins Moor hinein, die bei der unausweichlichen Erkundung jedoch nicht verlassen werden sollten. Weiter dem Hauptweg folgend, erreicht man wieder den Ausgangspunkt. Ein erfrischendes Moorbad rundet die schöne Wanderung ab.

Besonderheiten in der Umgebung

- Aussichtswarte auf dem Brockenberg
- Wachtstein
- Opferschalen

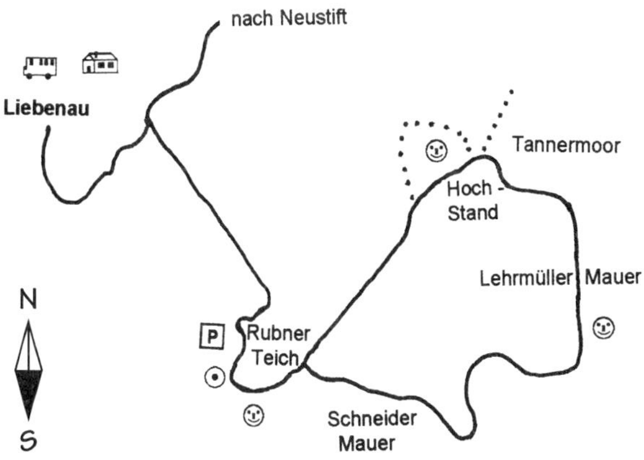

24 LASBERG *Gehzeit:* ca. 3 Std. /

Kulturwanderweg zur Ruine Dornach

Alter: ab 2 Jahre

Ausgangspunkt: Gh Wittinghofer neben der Bahnhaltestelle

Bahnverbindung: Bahnhaltestelle Lasberg-St. Oswald (3 km vom Ort) an der Strecke Linz – Summerau – Prag

➜ *Wegverlauf:* Bahnhaltestelle – Meditationsweg – Stausee – Freilichtmuseum „Fürstenhammer“ – Ruine Dornach – Bahnhaltestelle

Stützpunkt: Gh „Zur Haltestelle“, Siegelsdorf 21, 4291 Lasberg, Tel.: 07947/7310

Was allen Spaß macht:
- Stausee
- Ruine Dornach
- Marktschmiede

Karten: Freytag & Berndt WK, Blatt 261 / Mühlviertel – Freistadt – Linz/Urfahr, 1:50.000

Inmitten der hügeligen Landschaft des Mühlviertels, abseits hektischer Straßen und in naturbelassener Umgebung, liegt Lasberg (569 m ü.d.M.). Die Idylle dieses Ortes, der bereits 1125 in einer Schenkungsurkunde Erwähnung fand, wurde vor ein paar Jahren mit dem Prädikat „schönste Gemeinde Österreichs“ belohnt. Die rauhe Zeit des Mittelalters belegt eine im Gemeindeamt ausgestellte mumifizierte Hand (1626). Ein protestantischer Eiferer soll seiner Schwester die rechte Schwurhand abgeschlagen haben, als sie beabsichtigte, einen katholischen Mann zu heiraten und so dem Glauben der Familie abschwören wollte.
Die einstige Ritterburg Dornach, deren Ruine sich im Privatbesitz eines Freistädter Handwerkermeisters befindet und seit 1963 liebevoll restauriert wird, wurde um 1200 von den Freiherrn von Lasberg errichtet und 1416 während der Hussitenkriege erstmals urkundlich erwähnt. Die Burg ist für Besichtigungen geöffnet, und im August finden Burgfestspiele statt, bei denen u.a. auch ein vom heutigen Burgherrn geschriebenes Ritterspiel von Schülern des Ortes aufgeführt wird.

Wegverlauf

Von der Bahnhaltestelle führt der Weg am Gasthaus Wittinghofer vorbei und mündet in den Meditationsweg ein. Japanische Haiku-

Gedichte waren das Vorbild für die besinnlichen Sprüche der ortsansässigen Dichterin Grete Burger. Im weiteren Verlauf gelangt man zum Stausee, von dem ein kleines Kraftwerk gespeist wird. Die alte Hammerschmiede (1570) mit einem von Wasserkraft betriebenen Hammer ist nach ca. 20 Minuten erreicht. Sie wurde zu einem Freilichtmuseum ausgebaut, in dem der Besitzer selbst die alte Technik vorführt, mit der Ende des 17. Jh.s immerhin neun Zentner Eisen und drei Zentner Stahl in der Woche verarbeitet werden konnten. Als nächstes wird das Geburtshaus des in der Region verehrten Johann Blöchl erreicht. Ihm verliehen sie den Titel „Vater des Mühlviertels", weil er es schaffte, das Mühlviertel in der Nachkriegszeit aus der Besatzungszone Rußlands zu befreien. Eines der zahlreichen Mühlviertler Marterln säumt auch hier den Weg, ehe es zum heimatkundlichen Privatmuseum der Familie Kreindl geht. Unterschiedlichste Handwerkszeuge aus alter Zeit sind zusammengetragen worden und als Exponate ausgestellt. Von hier aus ist es ca. eine halbe Stunde bis zur Ruine Dornach, der einstigen Ritterburg. Dem Bahnsteig folgend, geht es zurück zum Ausgangspunkt dieser Wanderung.

Besonderheiten in der Umgebung

- Pfarrkirche von Lasberg (romanischer Teil 12. Jh., gotische Erweiterung um 1400)
- Barocker Pfarrhof (1702)
- Pranger aus dem 17. Jh.
- Schloß Weinberg

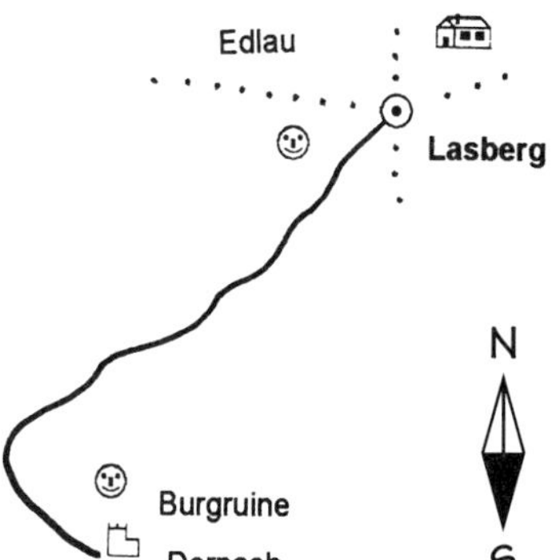

Altes Mühlviertler Haus in Lasberg (Tour 24)

Aus diesem Stamm klingen Vogelstimmen (Tour 26)

Wackelstein bei Königswiesen (Tour 28)

Mostobsternte bei Königswiesen (Tour 28)

25 KEFERMARKT *Gehzeit:* ca. 3 Std. /

Wanderung zum Schloß Weinberg und auf den Braunberg

Alter: ab 2 Jahre

Ausgangspunkt: Pfarrkirche von Kefermarkt

Bahnverbindung: Station Kefermarkt an der Strecke Linz – Prag

Wegverlauf: Kefermarkt – Weinberg – Braunberg – Kefermarkt

Stützpunkt: Gh Horner, Oberer Markt 13, 4292 Kefermarkt, Tel./Fax: 07947/6220, Braunberghütte, Tel.: 07945/666

Was allen Spaß macht:
- Schloß Weinberg mit Schloßbrauerei
- Wald- und Wiesenwege
- Nacht im Schutzhaus Braunberghütte

Karten: Freytag & Berndt WK, Blatt 261 / Mühlviertel – Freistadt – Linz/Urfahr, 1:50.000

Daß Kefermarkt (512 m ü.d.M.) über die beschaulichen Grenzen des Mühlviertels bekannt wurde und mit einem spätmittelalterlichen Kunstwerk sogar Weltruhm erlangte, verdankt es Christoph von Zelking (1467–1491), kaiserlicher Feldhauptmann unter Friedrich III. Als Herr auf Schloß Weinberg ließ er in Kefermarkt eine dem hl. Wolfgang geweihte Pfarrkirche (1470–76) erbauen und gab 1490 den Flügelaltar in Auftrag. Dieser 13,5 m hohe Altar in Form einer Monstranz wurde von einem bis heute unbekannten Künstler bis 1497 vollständig aus Lindenholz gearbeitet. Er zählt zu einem der schönsten gotischen Flügelaltäre Europas (neben dem Pacher-Altar, St. Wolfgang, OÖ, und dem Marienaltar in Krakau, PL). Kein geringerer als Adalbert Stifter leitete 1852–1855 die Restaurierung dieses Prunkstückes. Er muß von dem Resultat so begeistert gewesen sein, daß er diesen Altar ausführlich in seinem 1857 veröffentlichten Roman „Nachsommer" beschrieb.

Auf einem Höhenrücken nördlich von Kefermarkt thront Schloß Weinberg (1305 erstmals urkundlich erwähnt), eines der mächtigsten Renaissancebauten Österreichs. Wie in einem Märchen ist dieses Schloß im Sommer von Rosen umrankt. Hier fällt es natürlich nicht schwer, ein romantisches Märchen, wie z.B. „Dornröschen" der Gebrüder Grimm, zu erzählen. Das im Stil der Spätrenaissance und des frühen Barock in der 2. Hälfte des 16. Jh.s neu gestaltete Schloß wird wehrhaft von einer Ringmauer umgeben. Von den

Innenräumen sind nach Voranmeldung der Ahnensaal, der Rittersaal und der Kaisersaal zu besichtigen. Im ehemaligen Pferdestall sind die Bierbrauer eingezogen. Ihnen kann in der schloßeigenen Gasthausbrauerei im historischen Meierhof über die Schulter geschaut werden. Ungespritzter Doldenhopfen sowie ökologisch angebaute Braugerste ergeben einen Gerstensaft, der ungefiltert nur so von Vitaminen, Mineralien und Geschmack strotzt. Nach einer Rast kann dann der ca. 2stündige Anstieg auf den Braunberg (902 m ü.d.M.) in Angriff genommen werden. Nach Süden hat man von ihm einen sehr schönen Blick auf die Alpenkette. Einen solchen Tag mit Kultur, Biergenuß und Gipfelsturm beendet man am besten mit einer Übernachtung in der vom Alpenverein unterhaltenen Braunberghütte (geöffnet 1. 4.–30. 10.). Ansonsten wandert man nach Kefermarkt zurück und läßt den Tag mit einem erfrischenden Bad im Freibad (Blick auf Schloß Weinberg) ausklingen.

Wegverlauf

Ausgangspunkt für diese abwechslungsreiche Wanderung ist die Pfarrkirche von Kefermarkt. Nach der Besichtigung des Flügelaltars geht es in nur wenigen Minuten zum Schloß Weinberg. Kinder werden hier mit großem Interesse beim Bierbrauen zuschauen, während die Erwachsenen das Resultat auch gerne verkosten. Zurück in Kefermarkt, geht es auf dem blau markierten Weg hinauf auf den Braunberg, eines der Dächer im Mühlviertler Kernland.

Besonderheiten in der Umgebung

- Pranger und Marktrichtersymbol auf dem Kirchplatz
- Kerzenatelier in Kefermarkt
- Pendellehrpfad (für Wünschelrutengänger) in Kefermarkt

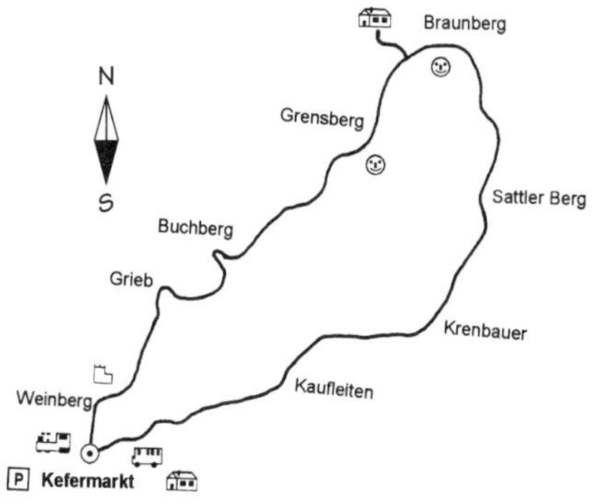

26 GUTAU *Gehzeit:* 2,5–3 Std. /

Vogelkundeweg

Alter: keine Einschränkungen

Ausgangspunkt: Parkplatz am Schauraum

Bahnverbindung: Bahnhaltestelle Kefermarkt an der Strecke Linz – Prag und von dort mit dem Bus nach Gutau

→ *Wegverlauf:* Parkplatz – Märchenwald – Rastberger Hof – Hainberg – Färbermuseum

Stützpunkt: Übernachtung im nahegelegenen Kefermarkt (Tour 25)

Was allen Spaß macht:
- Anhören der verschiedenen Vogelstimmen
- zahlreiche Schaubilder und Vogelpräparate
- schöner Weg durch Wald und über weite Wiesen

Karten: Freytag & Berndt WK, Blatt 261 / Mühlviertel – Freistadt – Linz/ – Urfahr, 1:50.000

Zwischen Kefermarkt und Pregarten liegt die Ortschaft Gutau (584 m ü.d.M.). Hier wurde als erster seiner Art im Mühlviertel ein Vogelkundelehrpfad geschaffen. Ziel ist es, Kindern, aber auch Erwachsenen, die mannigfaltige Vogelwelt des Mühlviertels näherzubringen. Am Ausgangspunkt der Wanderung befindet sich direkt neben dem Parkplatz ein Schauraum, in dem in sechs Vitrinen die verschiedenen Lebensräume der heimischen Vogelwelt nachgestellt worden sind. Den einzelnen Lebensräumen (z.B. Wald, Hecke, Bach, Wiese) werden die entsprechenden Vogelarten zugeordnet.
Auf den 30 Schautafeln, die in unregelmäßigen Abständen entlang des Weges plaziert sind, werden rund 80 heimische Vogelarten vorgestellt. Außerdem enthalten sie interessante Informationen zu Themen wie: Vogelflug, Vogelzug, Winterfütterung, Gefährdungsursachen, ausgestorbene Arten und Vogelschutz. Höhepunkte des Vogelkundelehrpfades Gutau sind ganz ohne Zweifel die insgesamt 10 ausgehöhlten Baumstämme, in denen sich je zwei präparierte Vögel befinden. Über installierte Lautsprecher werden per Knopfdruck die Stimmen der entsprechenden ausgestellten Vogelarten hörbar gemacht. Der Strom hierfür wird umweltgerecht von Solarzellen erzeugt, die auf den einzelnen Baumstämmen angebracht sind.

U.a. sind folgende Vögel zu sehen und zu hören: Kohlmeise, Buchfink, Singdrossel, Rotkehlchen, Feldlerche, Kleiber, Grünspecht, Star, Fitis, Amsel, Zilpzalp.
Tip: Im Zeitraum von April bis Juli werden für besonders interessierte Ornithologen vogelkundliche Führungen angeboten. Hierbei wird das Augenmerk besonders auf das Entdecken und Einordnen lebender Vögel gelegt. Frühzeitige Anmeldung beim Verschönerungsverein Gutau (Tel.: 07946/ 6255) ist erforderlich!

Wegverlauf

Ausgangspunkt ist der Parkplatz neben dem Schauraum im Ortskern. Gleich zu Beginn der Wanderung muß die Straße nach Marreith überquert werden (Markierungen beachten). Nun verläuft der Weg etwas oberhalb der Straße, bis er diese wieder schneidet und in den Wald auf der rechten Seite der Straße hinab führt. Auf wunderschönen Wegen geht es durch den sogenannten „Märchenwald". Nun erfolgt ein kleiner Anstieg, und man ist wieder auf der kleinen Teerstraße nach Marreith. Diese wird überquert, und vorbei am Rastberger Hof geht es hinauf zum Wald und zum Hainberg. Über von Obstbäumen bestandene Wiesen führt der Weg schließlich wieder zurück nach Gutau.

Besonderheiten in der Umgebung

- Pfarrkirche aus dem 12. Jh. mit barocker Ausstattung (17. Jh.)
- Färbereimuseum
- Schloß Tannbach (nur von außen zu besichtigen)
- Ruine Reichenstein

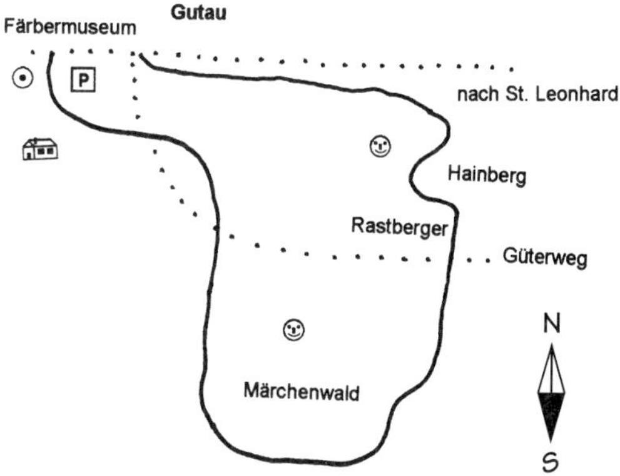

27 SCHÖNAU *Gehzeit:* ca. 3,5 Std. /

Wanderung zur Burgruine Prandegg

Alter: ab 3 Jahre

Ausgangspunkt: Kirchplatz in Schönau

Busverbindung: ab Linz Hbf. mit dem Bus zu erreichen

Wegverlauf: Kirchplatz – Wildgatter – Bauholzbach – Hof Steininger – Weg Nr. 80 – Herrgottsitz – Pehersdorf – Burgruine Prandegg

Stützpunkt: Gh Aumayr, Oberndorf 6, 4272 Schönau, Tel.: 07261/7220, Fax: 07261/7730, Gh Schmalzer, 4272 Schönau 16, Tel.: 07261/7212

Was allen Spaß macht:
- Burgruine Prandegg
- Herrgottsitz (Kult- u. Opferplatz)
- Felsformationen

Karten: Freytag & Berndt WK, Blatt 261 / Mühlviertel – Freistadt – Linz/Urfahr, 1:50.000

Schönau (643 m ü.d.M.) liegt zwischen Waldaist und Naarn. Ein sehr schöner Weg führt vorbei am Herrgottsitz bis zur Burgruine Prandegg, der zweitgrößten Burganlage Oberösterreichs.

Der Herrgottsitz ist ein kultischer Opferplatz aus vorchristlicher Zeit. Auf dem steil aufragenden Granitfelsen befindet sich eine große Steinschale. In solchen „Gefäßen" wurde in den meisten Fällen das Blut von Opfertieren aufgefangen. Es ist aber auch möglich, daß darin Regenwasser für heidnische Begräbnisrituale gesammelt wurde. Als Fruchtbarkeit spendendes Geschenk der Götter angesehen, konnte es so an die dürstenden Seelen der Toten weitergereicht werden. Nur wenige Meter südlich, unterhalb dieses Felsens, befindet sich eine trichterförmige Grube. Wofür sie diente, ist unklar. War sie ein Brunnen, der heute versiegt ist, oder diente sie als Wolfsfalle? Wölfe kamen nämlich häufig in diese Gegend, und wenn sie hungrig waren, griffen sie auch die in Schönau lebenden Menschen an. Die drei „Wolfskreuze" am nördlichen Ortseingang von Schönau erinnern noch daran. Der Sage nach soll ein junger Fleischer nur dadurch einem Angriff von Wölfen entgangen sein, indem er ihnen Schaffleisch, das er bei sich trug, zum Fressen vorwarf und sich so unbeschadet nach Schönau retten konnte.

Ziel der Wanderung ist die Burg Prandegg mit ihrem 23 m hohen Rundturm, der ganz leicht zu besteigen ist. Die Burg befand sich zur Zeit der Reformation (16. Jh.) im Besitz der mächtigen Jörger. Für damalige Verhältnisse muß der Alltag auf der imposanten Festung offenbar sehr angenehm verlaufen sein, denn in alten Schriften wird von einer „starken und wohlversehenen" Burg berichtet, deren Gemächer „sommerlich luftig und licht" sind.

Wegverlauf

Vom Kirchplatz aus führt die Wanderung zunächst zum Wildgatter, hinter dem u.a. Himalajaziegen und Mufflons eingezäunt sind. Ein kurzes Stück den Bauholzbach entlang geht es bis zum Hof Steininger, wo nach links auf den Weg Nr. 80 abgebogen wird. Am Steinerberg sollte unbedingt ein kurzer Abstecher zum höchsten Punkt der Wanderung unternommen werden. Vom Herrgottsitz auf 855 m hat man einen prachtvollen Panoramarundblick. Zurück auf dem Weg geht es weiter bis zur Hauptstraße und von dort nach links zum Ort Pehersdorf. Hinter der Kirche führt der Wanderweg (Nr. 82) schließlich weiter bis zur Burgruine Prandegg.

Besonderheiten in der Umgebung

- Jakobskirche (romanischer Kirchturm, spätgotisches Madonnenschnitzwerk)
- „Wolfskreuze" am nördl. Ortseingang zur Erinnerung an frühere Wolfsplagen

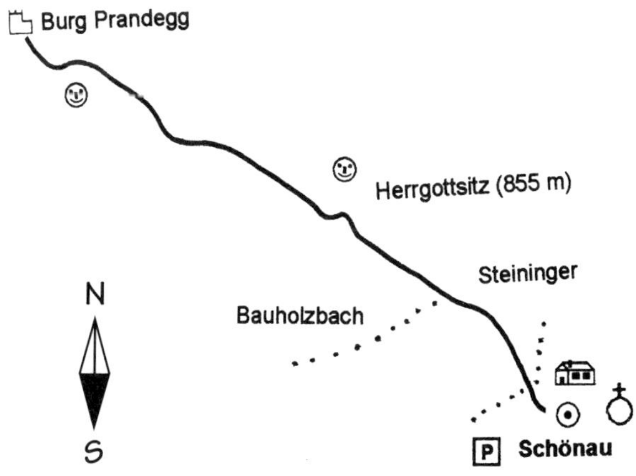

28 KÖNIGSWIESEN

Gehzeit: 2,5 Std. /

Teufelsmühle, Klammleitenbach

Alter: ab 3 Jahre
Ausgangspunkt: Königswiesen bei der Pfarrkirche
Busverbindung: von Linz über Haid nach Königswiesen
Wegverlauf: Königswiesen – Teufelsmühle – Coburgbründel – Gefuderkopf – Himmelsleiter – Kanzelstein
Stützpunkt: Gasthäuser in Königswiesen
Was allen Spaß macht: • Teufelsmühle
• Wehranlage des Elektro-Kraftwerks
• Gesteinsformation Kanzelstein
Karten: WK erhältlich beim Tourismusverband Königswiesen, Tel.: 07955-(6)255-0, Fax: 07955-(6)255-32

Warum keine Wanderung zum Schauplatz einer geheimnisvollen Sage unternehmen? Kinder lieben spannende Geschichten, und wenn man dann noch meint, durch die Bäume sagenhafte Gestalten zu erkennen, wird es zu einem richtigen Abenteuer.
In alten Zeiten war das Land eben und fruchtbar und durch saftig grüne Wiesen floß ein Bach. An ihm stand eine große Mühle, die von einem gutmütigen Müller betrieben wurde und diesem großen Reichtum bescherte. Nach dessen Tod übernahm seine Witwe die Mühle. Doch im Gegensatz zu ihrem Mann war sie kaltherzig. Klopften Arme an ihre Tür, wurden sie ohne ein Almosen fortgejagt. Das Brot steckte sie lieber in ihre Truhe, deren Inhalt sie nach einem Jahr zum Mästen eines Schweines benutzen wollte. Doch als sie nach einem Jahr das Schwein füttern wollte, wurde sie augenblicklich in ein schwarzes Schwein verwandelt, das vom Gesinde vom Hof vertrieben wurde. Unter einem tosenden Gewitter versank die Mühle, deren Platz von Steinen bedeckt wurde, und die Klammleiten entstand. Beim Kindlstein kann man noch heute das Rauschen des unterirdischen Wassers hören, und man meint, ein Mühlrad arbeiten zu hören. Vielleicht stimmt, was die Leute sagen, daß der Teufel hier in der versunkenen Mühle weiter Korn mahlt. Zumindest der Volksmund spricht an dieser Stelle ehrfürchtig von der „Teufelsmühle".

Wegverlauf

Von Königswiesen geht es kurz an der Bundesstraße in Richtung Norden. Gleich nach der Brücke über den Klammleitenbach zweigt man links ab und wandert an der rechten Seite des Baches bis zum Kraftwerk Ebner. Nach einem kurzen, steilen Anstieg führt ein

Waldweg zum Hochwald. Am linken Wegesrand verbirgt die Einsiedelmauer eine Waldandacht. Der Bach fließt unterirdisch, von großen Steinblöcken verborgen weiter. Nach ca. 1/2 Std. Fußmarsch ist die Teufelsmühle am Kindlstein erreicht. Hier zweigt ein Steig nach rechts ab, über den man die Bundesstraße (2 km nach Königswiesen) erreicht. Wir folgen weiter dem Klammleitenbach und gelangen nach wenigen Metern zum Rastplatz Coburgbründl, an dem frisches Trinkwasser stärkt. Von hier sind es nur ca. 500 m zum Gefuderkopf, dem Einlauf für das Elektro-Werk mit seiner begehbaren Wehranlage. Der von dort zur Bundesstraße abzweigende Steig ist für Kinder nicht geeignet. Weiter entlang der linken Seite des Klammleitenbaches geht es über den Schmöckenbach dem Höhepunkt der Wanderung entgegen. Über die Himmelsleiter erreichen wir den Kanzelstein, einer zum Klettern einladenden Gesteinsformation, auf die sicherheitshalber eine Leiter führt. Von hier geht es zunächst ein paar Meter zurück, bis ein kleiner Steg über den Bach führt (prächtiger Blick auf den Kanzelstein). Über einen Steig geht es hinauf zu einem Bauernhof. 100 m entfernt verläuft der Güterweg Diesenreith zurück nach Haid. Eine Jause im Gh. Gusenleitner verkürzt die Wartezeit auf den Bus.

Besonderheiten in der Umgebung

- Burgruine Ruttenstein
- Wackelsteine und Pechölsteine in und um Königswiesen
- Spätgotische Pfarrkirche mit Netzrippengewölbe, Pranger (1635), alter Marktbrunnen, herrliche Bürgerhäuser in Königswiesen

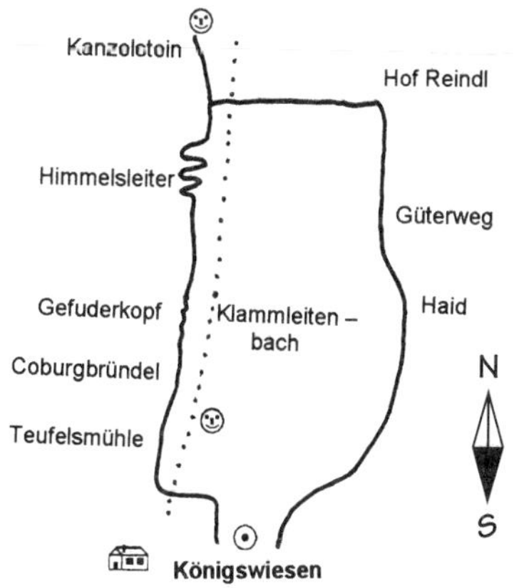

29 PIERBACH

Gehzeit: ca. 4 Std. /

Wanderung zur Burgruine Ruttenstein

Alter: ab 4 Jahre

Ausgangspunkt: Kirche in Pierbach

Busverbindung: von Linz Hbf. mit dem Bus nach Pierbach

Wegverlauf: Kirche in Pierbach – Große Naarn (Weg Nr. 90) Gehöft Langeder – Mündung Erlaubach/Kleine Naarn – Kapelle – Ruine Ruttenstein – Kapelle Meierhof – Gehöft Klaus – Burgen- und Schlösser-Weg (Nr. 90) – Pierbach

Stützpunkt: Gh Populorum, 4282 Pierbach 2, Tel.: 07267/213, Gh Trinkl, 4282 Pierbach 67, Tel.: 07267/219

Was allen Spaß macht:
- Flußlandschaft der Großen Naarn
- Burgruine Ruttenstein

Karten: Freytag & Berndt WK, Blatt 261 / Mühlviertel – Freistadt – Linz/Urfahr, 1:50.000

Wilde Geschichten ranken sich um die alte Burg, die 1727 durch einen Blitzschlag zur Ruine wurde. Von der einst mit sieben Türmen versehenen Hochburg ist ein gut erhaltener Turm zu betreten, von dem sich ein weiter Ausblick auf das umgebene Land eröffnet. Der Sage nach sollen im Kellergewölbe junge, starke Burschen drei Truhen puren Goldes bewachen, die dort als Diebesgut eines dreisten Raubritters verborgen sind. Wer sich auf die Suche nach diesem Schatz begeben will, der muß dies in der Heiligen Nacht tun, denn nur dann öffnet sich der Weg zum Keller.

Wie kam es aber, daß die Burg den Namen eines Fisches – der Rutte – erhielt? Überlieferungen besagen, daß es einst zu einer heftigen Belagerung kam, in deren Verlauf die Angreifer die Aufgabe der Burg dadurch erzwingen wollten, indem sie die Verteidiger von aller Versorgung abschlossen und so aushungerten. Als Folge dieser Taktik wurde bereits die Kapitulation erwogen, als eine List das Blatt doch noch zum Guten wendete. Die in der Burg Verschanzten fingen im Burgteich eine Rutte und warfen sie über die Mauer in das Lager der Angreifer. Davon überrascht, daß die Belagerung nicht das erhoffte Ziel bescherte – denn anscheinend gab es ja einen reichen Vorrat an Lebensmitteln auf der Burg – gaben die Angreifer auf und zogen sich zurück.

Wechselhaft war auch die Geschichte der Besitzer dieser Burg. 1160 babenbergisch, wurde sie 1281 an den Habsburger Rudolf I. verpfändet. 1481 ging sie an die Liechtensteiner und anschließend an die Meggauer und Salburger; selbst Königin Victoria von England zählte 1876–1895 zu den Eigentümern.

Wegverlauf

Auf der Wanderung zur Burgruine Ruttenstein (750 m ü.d.M.) folgt man von Pierbach (494 m ü.d.M.) aus in nördlicher Richtung zunächst dem Flußlauf der Großen Naarn auf dem Weg Nr. 90. Neben der Kleinen Naarn ist sie landschaftlich von besonderem Reiz. Nun geht es vorbei an den Gehöften Langeder bis zum Bildstock. Dort nach rechts abbiegen und weiter zur Mündung des Erlaubaches in die Kleine Naarn. Hinter der Brücke am Bildstöckl biegt man wieder rechts ab. Zunächst durch freies Gelände, geht es dann durch ein Waldstück – vorbei an einer Kapelle – zur Ruine Ruttenstein. Der Rückweg führt wieder bis zur Kapelle, dann wird aber nach links abgebogen und am Meierhof und dem Gehöft Klaus vorbei auf dem Burgen- und Schlösser-Weg (Nr. 90) nach Pierbach zurückgewandert.

Besonderheiten in der Umgebung

- Steinbruckmühle mit intaktem Mühlrad
- Augenbründl im Roßgraben; man spricht ihm heilende Kräfte zu

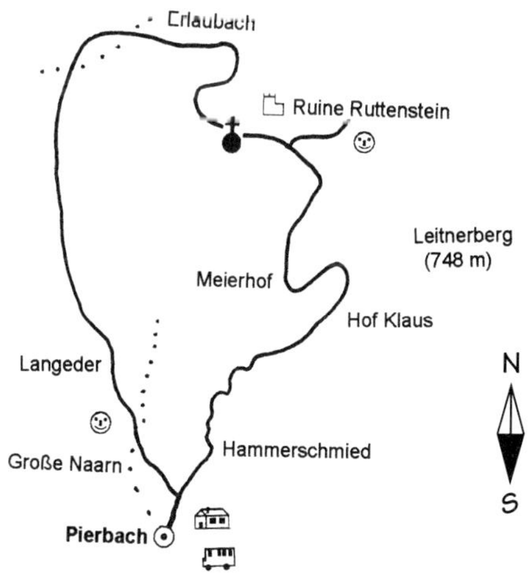

30 ST. THOMAS AM BLASENSTEIN *Gehzeit:* ca.1,5 Std. /

Rund um St. Thomas: Die Bucklwehluck'n und die Mumie

Alter: keine Einschränkung
Ausgangspunkt: Wallfahrtskirche St. Thomas am Blasenstein
Busverbindung: Der Ausgangspunkt ist mit öffentlichen Verkehrsmitteln nur schwer zu erreichen
Wegverlauf: Blasenstein – Fuchs – Klausbach – Schartmüller – Bärenlucke – Ploama – Blasenstein
Stützpunkt: Gh „Ahorner", St. Thomas, Tel.:07265/474, Fax: 07265/4559
Was allen Spaß macht:
- Klettern an der Bärenlucke
- tolle Aussicht vom Blasenstein
- Gruseln beim „luftgeselchten Pfarrer"

Karten: Freytag & Berndt WK, Blatt 261 / Mühlviertel – Freistadt – Linz/Urfahr, 1:50.000; WK 1:25.000; St. Thomas am Blasenstein, erhältlich im Gemeindeamt

Im östlichen Mühlviertel liegt der verträumt wirkende Burg- und Kirchenort St. Thomas am Blasenstein (722 m ü.d.M., ca. 1.000 Einwohner). Dominiert wird der Ort von der Wallfahrtskirche St. Thomas (1380 über einer kleinen romanischen Kirche erbaut), die einige Besonderheiten in sich birgt. Zum einen ruht hier der im Volksmund makabererweise bezeichnete „luftgeselchte" Pfarrer. Hierbei handelt es sich vermutlich um den mumifizierten Leichnam des Chorherren von Waldhausen, Franz Xaverius Sydler de Rosenegg (1709–1749). „Ave pia anima!" Den Schlüssel zur Gruft und eventuell auch eine kleine Privatführung erhält man im Pfarrhof. Zum anderen beeindrucken zwei Marienbilder (ca. 1380), die beiden Holzfiguren vom hl. Paulus und dem hl. Johannes von Kriechbaum, erschaffen um 1490, und am hinteren Eingang eine Christusdarstellung mit echtem Kopf- und Barthaar aus der Zeit um 1530.
In unmittelbarer Nähe der Kirche erhebt sich die Hauptattraktion des Ortes, die Felsformation des Blasensteins mit der bekannten Bucklwehluck'n. Von hier aus bietet sich bei schönem Wetter eine phantastische Sicht über das Hügelland des östlichen Mühlviertels und ins Donautal. Für Kinder jedoch viel interessanter ist die sagenumwobene Bucklwehluck'n. Der Volksmund erzählt: Bei Kreuzschmerzen muß man von Ost nach West durch die kleine Höhle zwischen den beiden Felsblöcken, der sogenannten „Luck'n", kriechen, und schon ist man geheilt. Wissende Geistliche des Ortes gehen sogar so weit, daß man beim Durchkriechen der Luck'n zu-

sätzlich von all seiner Schuld befreit und als redlicher und gesunder Mensch wiedergeboren werde. Der heidnische Kultstein wurde vor langer Zeit durch das Errichten eines Bildstockes für das Christentum „urbar" gemacht. Im Hochmittelalter soll die Felsformation mit einem Bergfried überbaut gewesen sein.

Wegverlauf

Ausgangspunkt ist der Dorfplatz zwischen der Kirche und dem Blasenstein. Hier befindet sich eine große Schautafel, die einen topographischen Überblick über die Region erleichtert. In südlicher Richtung verläuft der als S 6 gekennzeichnete Wanderweg den Berg hinunter, Richtung Fuchs. Hier biegt der Weg nach links, in Richtung Nordosten, ab. Über den Klausbach geht es durch eine wunderschöne Wiesen- und Waldlandschaft bergauf zum Franzlsteiner und dann zum Schartmüller. Alternativ kann man auch auf dem ohne größere Steigungen verlaufenden Wanderweg S 8 bleiben. Nach einiger Zeit zweigt dann, nachdem S 6 und S 8 wieder zusammengelaufen sind, nach links der Weg zur Bärenluck'n, einer mächtigen Steinformation, ab. Hier ist ein idealer Rastplatz. Über Pleimer (Ploama) verläuft dann der Weg zurück nach St. Thomas am Blasenstein.

Besonderheiten in der Umgebung

- Burgruine Klingenberg
- Burgruine Saxenegg
- Zigeunermauern mit alten Räuberhöhlen

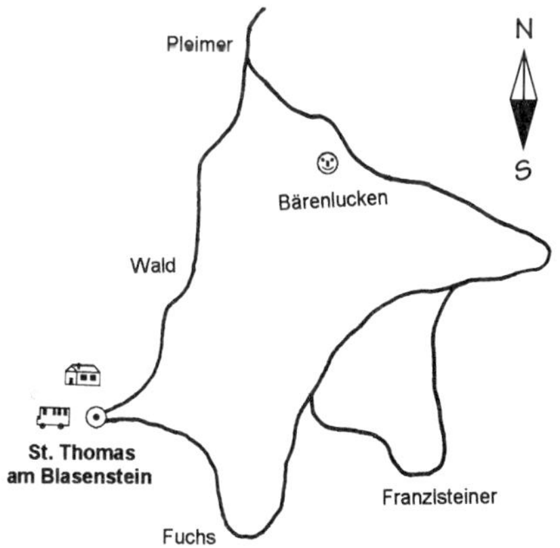

31 ST. THOMAS AM BLASENSTEIN

Gehzeit: ca. 2,5 Std. pro Tour /

Wanderung zur Zigeunermauer und / oder zur Burgruine Klingenberg

Alter: keine Einschränkungen

Ausgangspunkt: Ortsmitte St. Thomas am Blasenstein

Busverbindung: Der Ausgangspunkt ist mit öffentlichen Verkehrsmitteln nur schwer zu erreichen

Wegverlauf: St. Thomas am Blasenstein – Güterweg Staub – Großberger Hof – Zigeunermauern – und / oder: Güterweg Staub – Forsthaus – Burgruine Klingenberg – Waldpeter – St. Thomas am Blasenstein

Stützpunkt: Gh „Ahorner", St. Thomas, Tel.: 07265/474, Fax: 07265/4559

Was allen Spaß macht:
- Besuch der Burgruine Klingenberg
- Aussicht von der Burgruine
- Höhle bei den Zigeunermauern

Karten: Freytag & Berndt WK, Blatt 261 / Mühlviertel – Freistadt – Linz/Urfahr, 1:50.000

Bei diesem Routenvorschlag können zwei an sich völlig eigenständige Touren kombiniert werden. Auf Route A (insgesamt ca. 10 km) erreicht man die großen Felsblöcke, die die sogenannte Zigeunermauer bilden. Wunderschön im Wald gelegen, bietet sich den Kindern ein idealer Naturspielplatz. Kleine Höhlen und „Felsenzimmer", in denen die sagenumwobene Gestalt des Räuberhauptmanns Graßl vor etwa 200 Jahren sein Unwesen getrieben haben soll, erzwingen geradezu eine ausgedehnte Rast. Wie ein Mühlviertler Robin Hood verteilte er unter den Armen, was er den Reichen stahl. Erst als ein Kopfgeld in Höhe von 4.000 Gulden ausgesetzt wurde, konnte er gefaßt werden. Am Eingang zur größten Höhle befindet sich der sogenannte „Opfertisch". Hier kann man mit Opfern in Form von Gummibären und Keksen versuchen, den herumspukenden Geist des im März 1818 hingerichteten alten Räuberhauptmannes zu besänftigen. Route B (ebenfalls ca. 10 km) hat die Burgruine Klingenberg zum Ziel. Auf dem Weg dorthin kommt man in unmittelbarer Nähe der „Sieben Zinnen", einer mächtigen Felsformation mit Wackelstein auf der Spitze, vorbei. Ein kurzer Abstecher lohnt auf jeden Fall. Aufgrund des sehr steilen Abhangs sollten hier die Kinder beim Klettern sehr vorsichtig sein. Wieder zurück auf dem Hauptweg, sind es vom Forsthaus aus nur noch ca. 20 Minuten zur Burgruine Klingenberg. Sie wurde Ende des 12. Jh.s vom Geschlecht der Velburger in romanischer Quadertechnik errichtet. Die Burg bestand einst aus Vor- und Hauptburg mit entsprechenden Zwingerräumen und nahm eine Fläche von ca. 3.000 m^2 ein. Bei der Hochzeit mit dem Bayernherzog Otto (1276) überließ Rudolf von Habsburg seiner Tochter die Burg als Brautpfand. 1700 brannte der Hauptteil der Burg nieder. Die Steinquader fanden Verwendung beim Bau nahegelegener Gebäude. Heute ist nur noch ein Teil des einst mächtigen Burgfrieds zu sehen.

Wegverlauf

Vom Ortszentrum auf der Straße Richtung Pierbach wandern. Nach Pleimer biegt der Weg rechts ab zum Güterweg Staub. In einer großen Kehre links abbiegen Richtung Großberger-Hof (Markierung S 7), wo nach etwa 600 m rechts der relativ steile Waldpfad beginnt. Jetzt ist die Zigeunermauer in wenigen Minuten erreicht. Nun geht es zurück zur Abzweigung vom Güterweg Staub zur Zigeunermauer. Ca. 1 km später nach rechts abbiegen und bis zur Wegschranke auf der Zufahrt zum Forsthaus (Markierung S 8) gehen. 100 Meter vor dem Forsthaus zweigt rechts der Weg zu den Sieben Zinnen ab. Vom Forsthaus sind es nur noch ca. 20 Minuten bis zur Burgruine Klingenberg. Zurück geht es über den Willersdorfer Bach, vorbei an Waldpeter und dem Riener Hof in der Nähe der Bärenluck'n, zum Ausgangspunkt St. Thomas am Blasenstein.

Besonderheiten in der Umgebung

- Wanderung zur Burgruine Saxenegg über dem Kefermühltal
- Mumie in St. Thomas („luftgeselchter Pfarrer“)

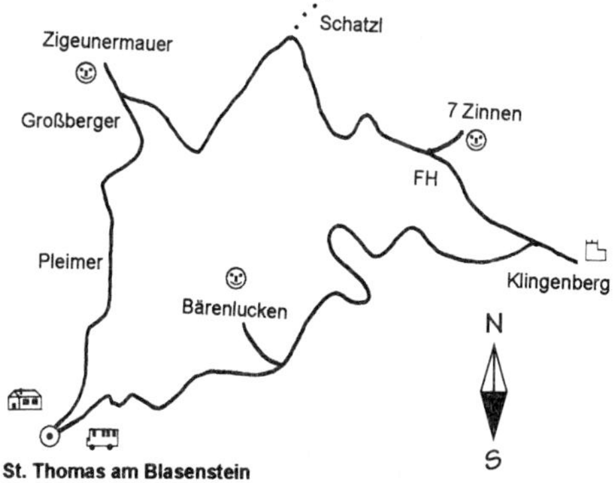

Bucklwehluck'n in St. Thomas am Blasenstein (Tour 30)

Wolfsschlucht bei Bad Kreuzen (Tour 32)

Bummerlhaus in Steyr (Tour 34)

Das bekannte Postamt „Christkindl“ (Tour 34)

32 BAD KREUZEN *Gehzeit:* ca. 1,5 Std. /

Wanderung durch die Wolfsschlucht und zur Ritterburg

Alter: ab 2 Jahre

Ausgangspunkt: Wallfahrtskapelle Aigner-Kreuz

Bahnverbindung: Linz – Amstetten oder Grein und dort Busanschluß

Wegverlauf: Bad Kreuzen – Neuaigen – Wolfsschlucht – Jägersitz – Burg Kreuzen – Bad Kreuzen

Stützpunkt: Gh Aichinger, Neuaigen 1, 4362 Bad Kreuzen, Tel./Fax: 07266/6225,

Was allen Spaß macht:
- Wolfsschlucht
- Ritterburg Kreuzen
- sanfte Hügellandschaft im Strudengau

Karten: WK erhältlich beim Tourismusverband Bad Kreuzen, Tel.: 07266/6255-78, Fax: 07266/6255-75

Eine Wanderung, bei der mit Naturschönheiten nicht gegeizt wird und die Ruine einer ehemaligen Ritterburg für Spannung sorgt, hat im Kneippkurort Bad Kreuzen ihren Ausgangspunkt. Adelige und Aristokraten begaben sich nach 1846 von hier aus auf den Weg in die nahe gelegene Wolfsschlucht. Dort wurden nicht im geheimen Ritual vom Freischütz Kugeln gegossen, sondern im Sinne von Pfarrer Kneipp kalte Duschen in freier Natur genommen. An so wohlklingenden Plätzen wie: „Wiener Wellenbad“, „Greiner Duschen“, „Herzogsquelle“ und „Felsendom“ ließ einst die vornehme Gesellschaft aus sauberen Quellwässern gespeiste Kaltwasserbäder über sich ergehen. Heute kann man über schmale Steige, Stege und viele Stufen (immer mit einem Geländer abgesichert) ihren Spuren folgen. Den Wegesrand säumen zahlreiche durch Verwitterung entstandene Felsformationen („Jägersitz“, „Herkulesfelsen“). Die besondere Flora und Fauna sowie manch kleiner schäumender Wasserfall sind immer wieder eine Pause wert. Moose, Farne, Käfer, Schmetterlinge und in den Bächen lebende Forellen und Krebse sprechen für ein intaktes Ökosystem.
Ob noch ein Gespenst im Kellergewölbe der einstigen Ritterburg Kreuzen lebt, davon kann man sich auf dem Rückweg nach Bad Kreuzen überzeugen. Die mächtige Burg wurde um 1100 errichtet und diente den im Mühlviertel als Roder tätigen Siedlern in Kriegszeiten als Schutzburg. Dank ihrer Größe bot sie an die 2.000 Menschen Platz. Auf der Flucht befand sich 1682 auch Kaiser Leopold I.,

als er hinter den wehrhaften Mauern Zuflucht suchte. Der Feind, vor dem er sich verbarg, war die zu jener Zeit in Wien grassierende Pest. Im Laufe der Jahrhunderte wechselten die Eigentümer häufig. Der Verfall setzte bereits ein, als man im 18. Jh. Teile der Burg abbrach, um damit in Wien das Schloß Laxenburg zu errichten. Spätestens aber der vernichtende Brand von 1880 ließ die Burg zur Ruine werden. Erst die Sanierungsarbeiten in den achtziger Jahren konnten den Verfall stoppen. Ein Kulturzentrum, eine Radlerherberge und eine Burgschenke, ein guter Platz für eine Jause am Ende der Wanderung, zogen ein.

Wegverlauf

Von Bad Kreuzen aus führt ein mit der Nr. 5a gut markierter Wanderweg (ca. 4,8 km) durch den „Natur- und Kulturpfad Wolfsschlucht". Am „Prozeßplatz" geht es durch ein Waldstück nach rechts zur Wallfahrtskapelle Aigner-Kreuz und dem gegenüberliegenden Gasthof Aichinger ab. Nach der Überquerung des Baches führt der Weg nach links in die Wolfsschlucht. Die alten Badeplätze sind mit Tafeln gekennzeichnet. Am Ende der Schlucht geht es hinauf zur Burg Kreuzen und von dort weiter, vorbei am Prozeßplatz, nach Bad Kreuzen zurück.

Besonderheiten in der Umgebung

- Gotische Pfarrkirche, Fresko (um 1500), Schmiedeeisengitter (Ende des 16. Jh.s), Fenster von Margret Bilger (1958)
- Freizeitzentrum mit solarbeheiztem Erlebnisbad
- Grein (Rokokotheater, Schloß Greinburg mit Schiffahrtsmuseum), Burg Clam (12. Jh.)

33 ENNS

Gehzeit: ca. 3 Std. /

Stadterlebniswanderung

Alter: keine Altersbeschränkung

Ausgangspunkt: Basilika St. Laurenz (nahe beim Bahnhof)

Bahnverbindung: Linz-Hbf. nach Enns

Wegverlauf: Basilika St. Laurenz – entlang dem ehemaligen Graben – Stadtturm – Burg – Geologiepark – Georgenberg – Schloß Ennsegg

Stützpunkt: Gasthof-Hotel-Restaurant „Zum goldenen Schiff", Hauptplatz 23, Tel.: 07223/86086, Fax: 07223/86086-15

Was allen Spaß macht:
- mittelalterliche Befestigungsanlage
- freistehender Stadtturm, Burg und Schloß
- Geologiepark

Karten: Freytag & Berndt WK, Blatt 5 / Unteres Ennstal, 1:100.000

Auf diesem Erlebniswanderweg werden 2000 Jahre Kulturgeschichte der ältesten Stadt Österreichs nachgezeichnet. Ein Rundweg erschließt auf mehr als 25 Stationen die Entwicklung der Stadt vom Römerlager bis hin zur Gegenwart. Wo sind noch Reste der römischen Vergangenheit zu sehen? Wo wurde Florianus, der spätere Schutzpatron und Heilige, mit einem Stein um den Hals in der Enns versenkt? Solche und andere Fragen finden auf Emailschildern ihre Beantwortung. Kinder können so direkt vor Ort einen kurzweiligen Eindruck von Geschichte bekommen.
Archäologische Funde haben belegt, daß in Enns bereits 4500 v. Chr. erste Siedler gelebt haben müssen. Der Name „Lauriacum" und der Flußname „Enns" sind keltischen Ursprungs. Aber erst Ende des 2. Jh.s begann eine wichtige Epoche, als römische Legionäre ein von Mauern und Türmen gesichertes Lager errichteten. Wie üblich, wurde in unmittelbarer Nähe eine zweite Siedlung für die Zivilbevölkerung angelegt, die bereits 212 von Kaiser Caracalla zur Stadt erhoben wurde und bereits damals zu einem bedeutenden Zentrum heranwuchs.
Dem Starrsinn der protestantischen Bevölkerung im 16. Jh. verdankt die Stadt einen sehenswerten Glocken- und Wachturm, indem sich die Bürger über die ablehnende Haltung König Ferdinands I., inmitten der Stadt einen solchen zu errichten, hinwegsetzten und ihn 1564 in „Eigenregie" erbauten. Er ist begehbar, und man hat, von 60 m über der Stadt, einen herrlichen Rundblick, der bis ins Mühlviertel und zu den Alpen reicht.

Eine Besonderheit ist der Geologiepark mit einem topographischen Modell des 254 km langen Ennstals. Die ganze Palette der Gesteine, die für das Gebiet zwischen dem Alpenvorland und den oberösterreichischen Kalkalpen charakteristisch sind und 500 Mio. Jahre Erdgeschichte bezeugen, werden anschaulich großen und kleinen Besuchern vorgestellt.

Wegverlauf

Von der Basilika St. Laurenz geht es über den Bahnhofweg und die Linzerstraße zum Hauptplatz. Nach einem Blick vom Stadtturm folgt man der Bräuergasse (beachtenswert Haus Nr. 4 a mit einem idyllischen Arkadenhof). Die Gasse abwärts wird die Dr. Karl Renner-Straße erreicht. Hier ist ein Blick auf den Bäckerturm, den Pfaffenturm und die hohe Stadtmauer möglich, ehe es entlang letzterer zum Kirchenplatz geht. An der rechten Seite führt eine Stiege über die Wienerstraße den Ennsberg hinab. An der linken Seite ragen die Außenmauern der landesfürstlichen Burg stolz empor. Vorbei am ehemaligen Standort des Wienertores wird der Stadtmauer entlang gefolgt. Nächstes Ziel ist der an der Enns gelegene Geologiepark. Von hier aus ist es über die Basteigasse nicht mehr weit zum 1570 erbauten Schloß Ennsegg. Über die Mauthausnerstraße geht es nach einem Besuch des Schlosses zurück zum nördlichen Teil des Hauptplatzes.

Besonderheiten in der Umgebung

- Museum Lauriacum im ehemaligen Rathaus am Ennser Hauptplatz
- Erlebnisfreibad mit 70 m Rutsche (Mitte Mai – Sept. tägl. 9–20 Uhr)
- Gablonzer Industrie: größter Modeschmuckerzeuger Österreichs

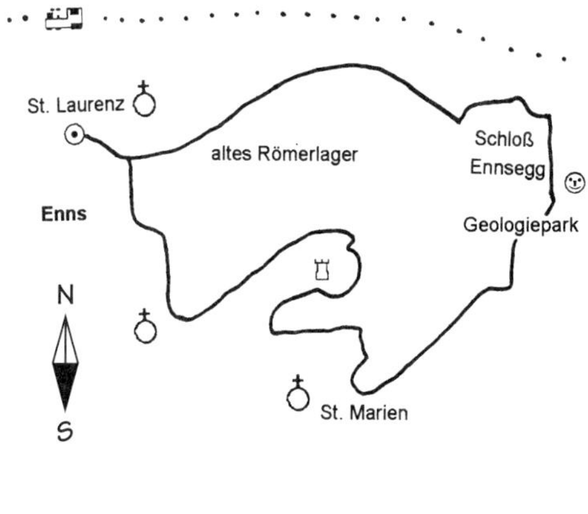

34 STEYR *Gehzeit:* ca. 1,5 Std. /

Auf den Damberg und Winterwanderung zum „Christkindl"

Alter: ab 2 Jahre

Ausgangspunkt: Sommerwanderung: Gasthof Schoiber
Winterwanderung: Stadtplatz in Steyr

Bahnverbindung: Linz Hbf. – Steyr

Wegverlauf: Sommer: Gasthof Schoiber – Laurentius Kapelle – Hönigmair-Wiese – Nagelstatt – Damberg-Warte.
Winter: Stadtplatz – Schloß Engelsegg – Lokalbahnhof – Christkindl

Stützpunkt: Gh Pöchhacker, Sierninger Str. 122, 4400 Steyr, Tel.: 07252/73173, Fax: 07252/73173-12

Was allen Spaß macht:
- Damberg mit Aussichtswarte
- Flüsse und Brücken in Steyr
- „Christkindl-Postamt", mechanische Krippe

Karten: Freytag & Berndt WK, Blatt 5 / Unteres Ennstal, 1:100.000

Am Zusammenfluß von Steyr und Enns wurde der Ort Steyr gegründet (980 erste urkdl. Erwähnung), dessen landschaftliche Umgebung der große Komponist Franz Schubert (1797–1828) als „über alle Begriffe schön" empfand. Im Sommer bietet sich ein Ausflug auf den Damberg (811 m), den Hausberg von Steyr, mit seiner 30 m hohen Aussichtswarte, von dieser romantisch anmutenden Stadt aus an.
Am Anfang steht ein kurzer Stadtbummel in der „Eisenstadt", deren einstigen Reichtum, erworben durch den Handel und die Weiterverarbeitung von Holz und Eisen, die aus dem Hoch- und Spätmittelalter stammenden Bürgerhäuser repräsentieren. Spaß bringt es, über die zahlreichen Brücken (es gibt mehr als 40 in Steyr) zu gehen und dabei in den glasklaren Flüssen Forellen zu beobachten. Bereits Schubert inspirierte der Fischreichtum der Flüsse zu seinem „Forellenquintett".
Eine ganz besondere Attraktion bietet Steyr Kindern in der Adventzeit. Vom Marktplatz aus kann dann eine Wanderung durch verschneite Landschaft nach Christkindl unternommen werden. Während der vorweihnachtlichen Zeit öffnet dort im Gasthaus neben der Kirche das Weihnachtspostamt seine Pforten. Mit Sondermarke und Sonderstempel versehen, können von hier aus weihnachtliche

Grüße in alle Welt verschickt werden. Ein Besuch der mechanischen Krippe (seit 1954), bei der – von Orgelmusik begleitet – mehr als 300 Schnitzfiguren von einer Fahrradkette in Bewegung gesetzt werden, ist ein besinnliches Erlebnis in der „staden Zeit".

Wegverlauf

Die Sommerwanderung zum Damberg beginnt beim Gasthof Schoiber. In ca. 30 Minuten ist von dort aus, vorbei an der Laurentius Kapelle, der Hönigmair-Wiese und Nagelstatt, die Damberg-Warte zu erreichen.
Die Winterwanderung nach Christkindl beginnt am Stadtplatz in Steyr. Über den Pfarrberg führt der Weg zur Stadtpfarrkirche und weiter geradeaus die Redtenbachergasse zum Schloß Engelsegg hinauf. Nach links zum Lokalbahnhof der Steyrtalbahn abbiegen. Anschließend folgt ein leichter Anstieg den Berg hinauf zur Siedlung „Christkindl". Dem Christkindlweg folgend erreicht man die Kirche. Für den Rückweg zum Stadtplatz gibt es die Möglichkeit, mit einem Oldtimerbus zu fahren oder zu Fuß zu gehen. Dabei geht es entlang dem Uferweg der Steyr über den Steinbruchweg und die Blumauergasse, vorbei am Lokalbahnhof und entlang der Redtenbachergasse.

Besonderheiten in der Umgebung

- Sehenswürdigkeiten in Steyr (Stadtplatz / Bummerlhaus Nr. 32 / Meditzhaus Nr. 9 / Sternhaus Nr. 12, Michaelerkirche, Museum Industrielle Arbeitswelt, Schloß Lamberg, Steyertalmuseumsbahn (älteste Schmalspurbahn Österreichs vom Lokalbahnhof in Steyr nach Grünburg, 17 km, ca. 1 Std.)
- Augustiner-Chorherrenstift Garsten
- Benediktinerstift Gleink

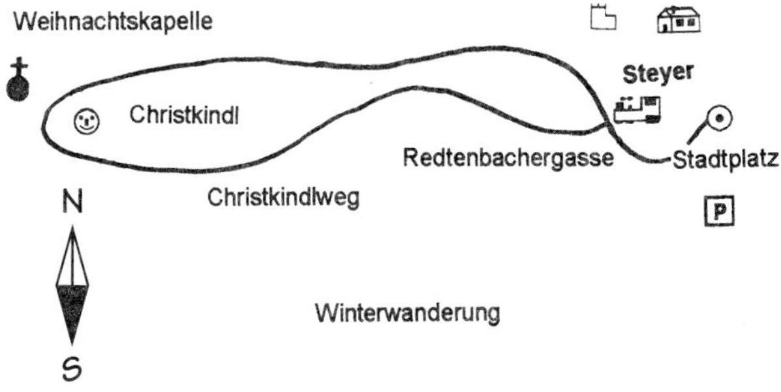

35 TERNBERG

Gehzeit: 4–5 Std.

Panoramaroute

Alter: ab 6 Jahren

Ausgangspunkt: Gasthof „Zum Flößer"

Bahnverbindung: Strecke Linz – Kleinreifling, manchmal Umsteigen in St. Valentin notwendig

➜ *Wegverlauf:* „Zum Flößer" – Aussichtspunkt „Fahne" – Kleinternberg – Großternberg – Raschlhöhe – Thalergraben – Freinberg – Ausgangspunkt

Stützpunkt: Gasthof-Restaurant „Zum Flößer", Eisenstraße 20, Tel.: 07256/88500 (Montag Ruhetag)

Was allen Spaß macht:
- prächtiger Blick über das Ennstal
- Wandern über saftige Almwiesen
- Wandern durch alte Obstgärten

Karten: Freytag & Berndt WK, Blatt 5 / Unteres Ennstal, 1:100.000; WK Ternberg – Losenstein – Laussa Blatt 4, 1:30.000, erhältlich in den örtlichen Tourismusbüros

Ternberg (ca. 3.000 Einwohner) liegt im Übergangsbereich der Kalkalpen und des leicht hügeligen Alpenvorlandes direkt an der Enns. Der Ort wurde im 12. Jh. vom Kloster Garsten gegründet. Fundstücke aus der Steinzeit lassen aber auf eine wesentlich frühere Besiedlung dieses Ortes schließen. Auch wertvolle Funde aus der Römerzeit wurden gemacht (zu besichtigen in der Volksschule Ternberg und im benachbarten Laussa). Aufgrund des sehr milden Klimas sind in den Wäldern um Ternberg Stechpalmen und Buchs wildwachsend anzutreffen.
Die von Ternberg ausgehende Rundwanderung empfiehlt sich hauptsächlich für Familien mit Kindern, die schon ein gewisses Maß an Ausdauer mit sich bringen. Vor allem für den relativ steilen Aufstieg gleich zu Beginn der Route sind die Motivationskünste der Eltern mindestens so gefragt wie die gute Kondition der Kinder. Der Ausblick von der „Fahne" auf das Ennstal entschädigt jedoch für die Mühen. Die Wege selbst sind jedoch für Kinder aller Altersstufen ohne Probleme zu begehen. Im Bereich des Thalergrabens führt der Weg durch zahlreiche alte Obstgärten. Im Herbst herrscht hier beim Sammeln des zur Mosterzeugung bestimmten Obstes reger Betrieb. Tafeln am Wegesrand geben interessante Informationen über die einzelnen Obstsorten. Der Rückweg entlang des Freinbergs ist als Naturlehrpfad ausgewiesen. Hier laden viele Bänke

dazu ein, nach dem langen Fußmarsch die Wanderung langsam ausklingen zu lassen.

Wegverlauf

Ausgangspunkt für die Rundwanderung ist der Gasthof „Zum Flößer“. Bei der Tankstelle beginnt der als Nr. 2 gekennzeichnete Wanderweg entlang des Freinberges. Nach ca. 300 Metern geht links der Weg mit der Nr. 2a ab. In zahlreichen Serpentinen führt er relativ steil bergauf zum Aussichtspunkt „Fahne“, ein hervorragender Ort, um die erste Rast einzulegen. Weiter geht es an Kleinternberg vorbei in Richtung Großternberg. Erreicht man die links abgehende Teerstraße nach Großternberg (bei den großen Antennenmasten), nicht abbiegen, sondern geradeaus bergab weitergehen. Bei der Raschlhöhe auf den Weg Nr. 3 nach rechts abbiegen. An Raschl vorbei führt uns die Wanderung in Richtung Thalergraben. Dort rechts auf den Weg Nr. 2 einbiegen (Naturlehrpfad). Entlang des Freinberges erreicht man wieder den Ausgangspunkt.

Besonderheiten in der Umgebung

- Burgruine in Losenstein
- Nagelschmiede in Losenstein

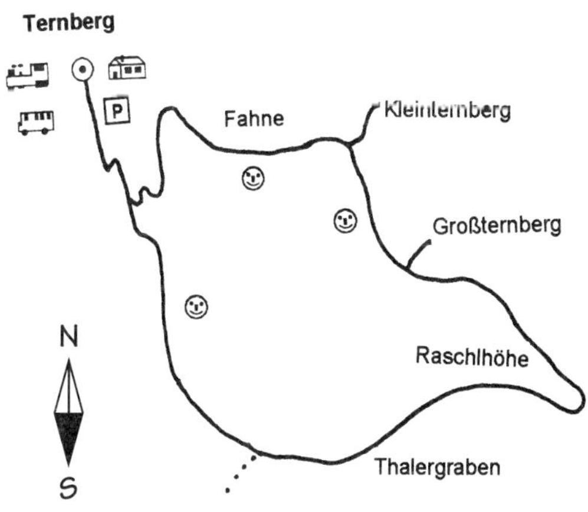

36 STEINBACH AN DER STEYR *Gehzeit:* ca. 4 Std. /

Wanderung auf den Kaiblinger Kogel

Alter: ab 4 Jahre
Ausgangspunkt: Pfarrkirche von Steinbach a. d. Steyr
Bahnverbindung: Linz Hbf. nach Steyr und von dort mit dem Bus nach Grünburg
Wegverlauf: Steinbach – Färberbach – Kindshuber-Kreuz – Kaiblinger Kogel – Gh „Sandner Linde" – Polsterer Kreuz – Gsöllhof – Steinbach
Stützpunkt: Gh „Zur Traube", Ortsplatz 11, 4594 Steinbach a. d. Steyr, Tel.: 7257/7970, Grünburger Hütte des ÖAV, Karin Lumplecker (am Weitwanderweg Nr. 409 u. 404), Tel.: 07257/8300
Was allen Spaß macht:
- Färberbachtal
- Fischteiche und Mostobstbäume
- Aussichtsberg Kaiblinger Kogel

Karten: Freytag & Berndt WK, Blatt 5 / Unteres Ennstal, 1:100.000

Die wohl schönste Zeit für diese Wanderung ist Anfang Mai, wenn alle Obstbäume in voller Blüte stehen, oder der Herbst, wenn reiche Ernten für die Herstellung von Most winken. Ausgangspunkt ist das malerisch gelegene Steinbach an der Steyr. Der Ort war im Mittelalter eines der wohlhabenden Zentren für das Messererhandwerk, was ihm den Namen „Goldenes Steinbach" einbrachte.
Noch heute erinnern das Messerermuseum und alte Schleiferwerkstätten am Flußufer an die vergangenen Tage, als noch der Lärm von schmiedenden Hämmern durch das Tal hallte. Dieser ist längst verstummt, und als 1967 der letzte große Betrieb eines Messer- und Besteckherstellers schließen mußte, war man gezwungen, neue Wege zu gehen, um dem drohenden wirtschaftlichen Niedergang der kleinen Gemeinde entgegenzuwirken.
Nicht dem Glück, sondern der eigenen Tatkraft und Initiative der Bevölkerung bei zahlreichen Projekten ist es zu verdanken, daß die Krise im Laufe der letzten Jahre überwunden wurde. Neben der Schaffung neuer Arbeitsplätze wurde auch sehr viel Wert auf die Gestaltung einer besseren Lebensqualität gelegt. Dieses drückt sich am besten in der Revitalisierung der historischen Gebäude am Ortsplatz und dem Gewinn des Europäischen Dorferneuerungspreises 1994 aus.

Wegverlauf

Vom Ortsplatz mit der Pfarrkirche (381 m ü.d.M.) geht es zunächst zum Färberbach (Weg Nr. 10). Kleine Holzbrücken werden überquert, und einmal wird auf dieser, dann auf jener Seite des Baches gewandert. Der idyllische Weg, den zahlreiche Obstbaumreihen säumen, führt an mehreren Feuchtbiotopen und kleinen Fischteichen vorbei. Immer wieder bestehen Möglichkeiten, eine kurze Rast einzulegen. Nach der kleinen Siedlung Hausmühl wird auf einem Wiesenweg das Kindshuber-Kreuz erreicht. Beim „Rosensteiner" rechts abbiegen und anschließend den Güterweg zum Kaiblinger Kogel (752 m) hinauf folgen. Von hier geht es zunächst auf gleichem Weg zum nächsten Gehöft zurück. Dort auf dem Güterweg nach rechts gehen und ca. 1.500 m weiter zum beliebten Ausflugslokal Gasthof „Sandner Linde" hinab. Anschließend am Funkmast vorbei zum Polsterer Kreuz. Eine weitere schöne Wegstrecke, an Gehöften und Mostobstgärten vorbei, folgt. Am Gsöllhof zweigt man nach links in die Obstbaumallee ab und wandert nach Steinbach zurück.

Besonderheiten in der Umgebung

- Die Orte: Steyr, Bad Hall, Kremsmünster, Kirchdorf an der Krems
- Eisenstraße, Romantikstraße, Barockstraße

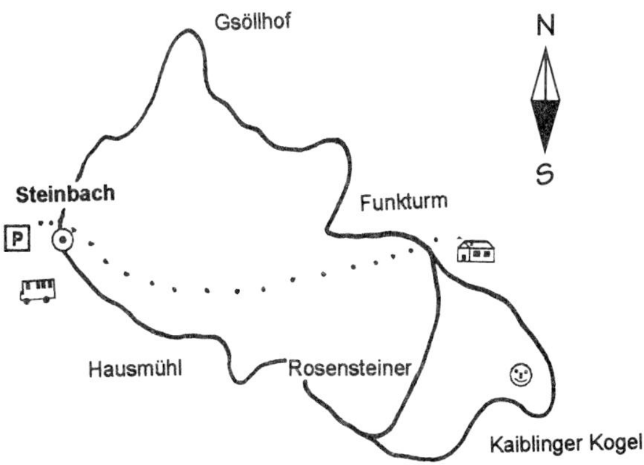

37 TRATTENBACH *Gehzeit:* ca. 2–4 Std. /

Im Tal der Feitelmacher

Alter: ab 4 Jahre
Ausgangspunkt: Bahnhof Trattenbach
Bahnverbindung: Bahnstrecke Hieflau – Steyr, Bhf. Trattenbach
→ *Wegverlauf:* Bahnhof – Manufaktur Löschenkohl – Museum in der Wegscheid – Schleife am König – Wasserspiellandschaft – Rameishammer – Drechslerei am Erlbach – Jausenstation Drah-Hütt'n
Stützpunkt: Eisenstraßenwirt Klausriegler, Schobersteinstraße 10, Tel.: 07256/8907
Was allen Spaß macht:
- Wasserspiellandschaft am Bach
- Herstellung eines eigenen Feitels
- dem letzten Feitelmacher bei seiner Arbeit zuschauen

Karten: Freytag & Berndt WK, Blatt 5 / Unteres Ennstal, 1:100.000

Bereits Anfang des 16. Jh.s wurden in Trattenbach sogenannte „Feitel" hergestellt. Das Wort „Feitel" wird von „falten" abgeleitet und bezeichnet ein zusammenklappbares Taschenmesser. Die Verwendung von sehr hochwertigem Scharsachstahl für die Klinge, robustem Ahorn- oder Buchenholz für den Griff und die relativ geringen Herstellungskosten führten zum Aufblühen der Trattenbacher Feitelmacherzunft. In den 17 Herstellungsbetrieben wurden bis zu acht Millionen Feitel pro Jahr hergestellt, die in alle Welt verkauft wurden. Zu Beginn des 19. Jh.s bewirkten ausländische Konkurrenz sowie der Einzug der Industrialisierung den Anfang des langsamen Niedergangs der hier lokalisierten Feitelmacherkunst. Durch technische Innovationen und eine verstärkte Ausrichtung der Produktion auf den Export konnte diesem entgegengesteuert werden. Die Weltwirtschaftskrise in den dreißiger Jahren und der Zweite Weltkrieg führten dann jedoch zum endgültigen Niedergang. Seit nunmehr 20 Jahren werden nur noch in der Manufaktur Löschenkohl die original Trattenbacher Feitel hergestellt. Zur Erinnerung an die Blütezeit der hiesigen Feitelmacher wurde in Trattenbach 1998 ein einzigartiges Museumsdorf eingerichtet. An sechs Stationen wird die Produktion sehr lebendig dargestellt bzw. vorgeführt. U.a. werden speziell für Kinder sehr erlebnisorientierte Führungen angeboten. Hierbei können die Kinder sogar einen eigenen Feitel unter fachkundiger Anleitung herstellen (Vorführzeiten in den Schaubetrieben: Di–So 9.30–17.00 Uhr).

Wegverlauf

Ausgangspunkt ist der Parkplatz am Bahnhof Trattenbach. Über die Straße geht es zum Informationsbüro, in dem das geeignete Kartenmaterial und ein kleiner Museumsführer erhältlich sind. In der Nähe des Büros fällt der größte Feitel der Welt sofort ins Auge. Erste Station ist die Manufaktur Löschenkohl, in der der letzte Trattenbacher Feitelmachermeister Einblicke in seine Kunst gewährt. Im Museum in der Wegscheid wird die Geschichte Trattenbachs in einem einstigen Werkstattgebäude dargestellt. Die Kunst des Schleifens der Feitelklingen zeigt die Schleife am König. Weiter führt uns der Weg in die Drechslerei am Erlbach. Hier kann jeder seinen eigenen Feitel fertigen. Highlight für die Kinder ist sicherlich die Wasserspiellandschaft am Bach, wo Wasserräder, Fluter, Pumpen etc. zum Spielen einladen (hier war schon so manche zusätzlich mitgebrachte trockene Wäschegarnitur von großem Nutzen). Wendepunkt der Wanderroute ist der „Rameishammer“, eine alte Klingenschmiede. Auf dem Rückweg sollte noch in der Jausenstation „Drah-Hütt'n“ halt gemacht werden. Eine deftige Jause direkt vom Bauern und ein schöner Kinderspielplatz laden zum längeren Verweilen ein. Vielleicht kann hier der selbstgemachte Trattenbacher Feitel schon zum Einsatz kommen.

Besonderheiten in der Umgebung

- Wanderung zur Schobersteinhütte (1285 m)
- Schiffahrt auf der Enns (Anlegeplatz: Mündungsbereich Trattenbach)

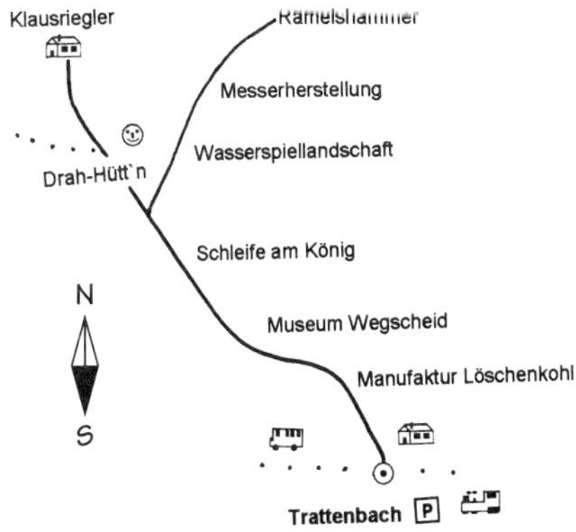

38 LAUSSA

Gehzeit: ca. 6 Std. /

Energiepfad

Alter: ab 6 Jahre

Ausgangspunkt: Parkplatz beim Sensenwerk Sonnleithner (Bushaltestelle)

Bahnverbindung: von Linz Hbf. stündl. abgehende Züge nach Steyr

Wegverlauf: Sensenwerk – Fuchstalergraben – Scharleiten – Fuchsen – Sonnberg – Windpark am Plattenberg – Wildgrabenbach – Laussa

Stützpunkt: Gh Sonnleitner, Laussa 47, Tel./Fax: 07255/7230

Was allen Spaß macht:
- Besichtigung des Sensenwerkes
- Informationstafeln über alternative Energiegewinnung
- riesige Windkraftwerke

Karten: WK Ternberg – Losenstein – Laussa, 1:30.000, Blatt 4, erhältlich im Fremdenverkehrsbüro; Freytag & Berndt WK, Blatt 5 / Unteres Ennstal, 1:100.000

Wenige Kilometer von der alten Eisenstadt Steyr entfernt liegt die kleine Ortschaft Laussa (ca. 1.300 Einwohner). Ausgangspunkt der Wanderung ist das Sensenwerk Sonnleithner. Eine Besichtigung ist für jung und alt ein tolles Erlebnis. Das Sensenwerk Sonnleithner hat eine sehr lange Tradition. Schon im Jahre 1647 wurde an der Stelle der heutigen Fabrik eine Nagelschmiedwerkstatt errichtet. Ab 1790 wurden erstmals auch Sensen und Sicheln produziert. Das Wasser der Laussa trieb die schweren Maschinen an, die zur Bearbeitung des Eisens dienten. Seit fast 100 Jahren treibt das Wasser nunmehr mächtige Turbinen an, die die benötigte Elektrizität für das Werk liefern. (Führungen finden Di–Sa um 9, 10, 13 und 14 Uhr, am So um 10, 11, 12, 13, 14 und 15 Uhr statt, Mo geschl.; Infos und Anmeldungen beim Tourismusverband Laussa, Tel.: 07255/725576).
Die Erzeugung von Energie, ob mit Hilfe von Wasser, Wind oder Sonne, spielt in Laussa eine bedeutende Rolle. Mit Stolz erfüllt die Gemeinde, daß in der Ortschaft zwei Drittel der benötigten Energie selbst erzeugt werden können.
Während der Wanderung auf dem sogenannten „Energiepfad Laussa“ werden an acht Stationen anschaulich Informationen zum Themenkreis „Erneuerbare Energiequellen“ gegeben. Unangefochtener Höhepunkt der Wanderung ist sicherlich der Windpark

Laussa am Plattenberg. Neben den gigantischen Windrädern begeistert auch der Blick auf die Kalkalpen.

Wegverlauf

Vom Sensenwerk Sonnleithner geht es entlang des Fuchstalergrabens, am Scharleiten vorbei bergauf bis zur Straße beim Riedl-Hof. Hier links abbiegen. Beim Marterl bei Fuchsen wendet sich der Weg scharf nach rechts und verläuft dann entlang des Sonnberges. Hat man Gschwendbichl und die Wolfsgruber-Au hinter sich gelassen, ist die Windkraftanlage auf dem Plattenberg bald erreicht. Die phantastische Aussicht vom knapp 920 Meter hohen Plattenberg entschädigt für den langen Anmarsch. Zurück nach Laussa geht es dann entlang des Wildgrabenbaches und vorbei an Hohlbühel.

Besonderheiten in der Umgebung

- Kneipp-Friedensweg: schöne Wanderung (ca. 3 Std.) mit zahlreichen Kneippwasserbrunnen. Ausgangspunkt ist das Gh Kleinschönleiten
- Burg Losenstein
- Freibad Laussa
- Alte Eisenstadt Steyr (Stadtplatz / Bummerlhaus Nr. 32 / Meditzhaus Nr. 9 / Sternhaus Nr. 12, Michaelerkirche, Museum Industrielle Arbeitswelt, Schloß Lamberg, Steyertalmuseumsbahn: älteste Schmalspurbahn Österreichs vom Lokalbahnhof in Steyr nach Grünburg (17 km, ca. 1 Std.)

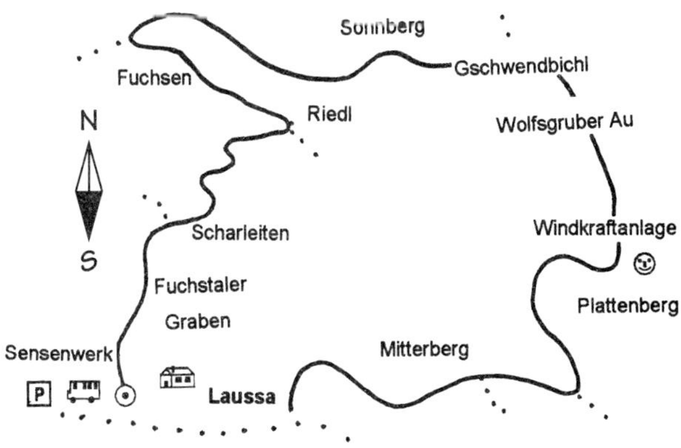

Der größte „Feitl“ der Welt (Tour 37)

Besuch beim Feitlmacher (Tour 37)

Die Kesselfallklamm auf dem Nagelschmiedweg (Tour 39)

39 LOSENSTEIN *Gehzeit:* ca. 2,5 Std. /

Nagelschmiedweg – Ennsstausee – Kesselfallklamm

Alter: ab 3 Jahre
Ausgangspunkt: Bahnhof in Losenstein
Bahnverbindung: Bundesbahn von Linz über Steyr oder Kleinreifling nach Losenstein
Wegverlauf: Losenstein – Hauptplatz – Schloßtaverne – Sägewerk – Nagelschmiedmuseum – Kesselfall – Losenstein
Stützpunkt: Gh „Schloßtaverne", Eisenstraße 75 und Gh „Zur Burgruine", Burgstr. 74
Was allen Spaß macht:
- Burgruine
- Hammerschmiede
- Bäche, Kesselfall und Stausee

Karten: Freytag & Berndt WK, Blatt 5 / Unteres Ennstal, 1:100.000

Der „Nagelschmiedweg" führt durch schön gelegene Täler zu einem Stausee am Ende der Kesselfallklamm. Es ist eine Wanderung in die handwerkliche und industrielle Vergangenheit Losensteins, das von seinen Bewohnern gern die „Perle des Ennstals" genannt wird, was aber tatsächlich keine Übertreibung ist. Um 1500 waren hier zahlreiche Betriebe ansässig, die sich auf die Herstellung von Nägeln spezialisiert hatten und den Ort zum wichtigsten für die Nägelerzeugung in Mitteleuropa machten. Von den zur damaligen Zeit ca. 3.500 Menschen, die hier lebten, waren rund 200 Meister, 600 Gesellen und 300 Lehrlinge, die in der Woche 4,5 Mio. Nägel schmiedeten.
Ausgehend vom Zeugempfängerhaus führen 10 Außenstationen von dem romantisch am Fluß gelegenen Ortsteil Stiedelsbach hinauf zum verträumten See des Kesselfalls. Im Zeugempfängerhaus wurde das Rohmaterial von den Hammerherren übernommen und dann an die Schmiede weitergereicht. Das zweite Ziel der Wanderung, die Schloßtaverne, auch heute noch ein idealer Einkehrort, war das Zunftlokal, in dem sich die Nagelschmiede versammelten, um Feste zu feiern. Anschließend geht es auf einem Teilstück der alten Eisenstraße weiter. Durch das Zeittor kommt man nach wenigen Metern zum Gebäude des Brandstätter Hammers (Nagelschmiedmuseum). Nachdem hier die kleinen Besucher ihre Nägel selbst geschmiedet haben, wird die Vögerl-Fabrik erreicht. Sie war der bekannteste eisenverarbeitende Betrieb Losensteins. Wasser war der wichtigste Energiespender, und die benachbarte Haus-

mühle lieferte den Strom, denn der 34 m hohe Kesselfall trieb das große Mühlenrad an. Dieses Kleinkraftwerk und das große Ennskraftwerk sind noch heute kraftvolle Lieferanten für Strom.
Losenstein ist reich an Sagen, die sich entweder auf den alten Erzabbau am Schieferstein oder auf den Steinernen Jäger, den zweiten Gipfel der Region, beziehen.

Wegverlauf

Vom Hauptplatz in Losenstein geht es flußaufwärts durch den Ort zur Schloßtaverne. Der Ausschilderung „Nagelschmiedweg" folgend, wird das große Sägewerk erreicht. Nur wenige Meter dahinter teilt sich der Weg. Hier könnte man einen kurzen Abstecher (ca. 1/2 Std.) zum Schloß hinauf oder zum Hallenbad unternehmen. Wir wenden uns aber nach rechts, am Gh. Petermüller vorbei, und folgen dem kleinen Bach. Kurz vor dem Ortsausgangsschild von Losenstein zweigt der Wanderweg auf einen unbefestigten Pfad nach rechts ab. Gleich nach Überquerung des Baches halten wir uns links und passieren den alten Bauernhof. Durch ein kleines Waldstück geht es zum Nagelschmiedmuseum und zur Messerfabrik. Kurz darauf wird über eine Treppe der Kesselfall überwunden. Hinter der Mauer des Stauwehrs, das nicht begehbar ist, liegt ruhig der kleine Stausee (Fischteich). Entspannung bietet dort der Rastplatz mit einem Drehkarussell, auf dessen Sitzen kurze Sagen aus der Region notiert sind. Von hier, dem höchsten Punkt der Wanderung, geht es über einen Asphaltweg zurück zum Ort.

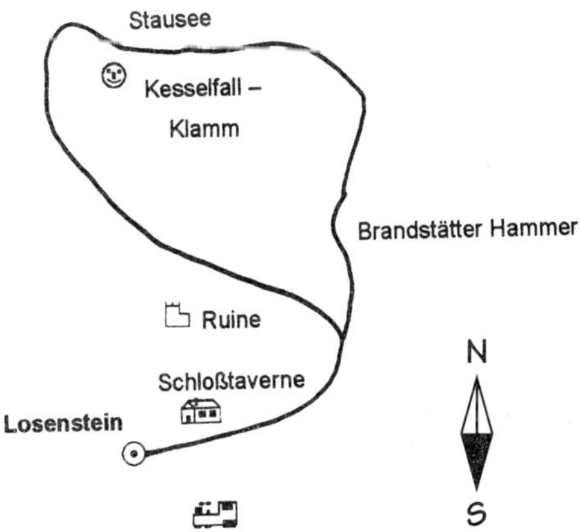

Die berühmten Maultrommeln aus Molln (Tour 41)

Das Panorama um Ternberg (Tour 35)

Windpark von Laussa (Tour 38

Das Linzerhaus auf der Wurzeralm (Tour 42)

Romantischer Abschnitt des Tempetalweges (Tour 44)

Bildstock bei den Schacherteichen (Tour 43)

40 LEONSTEIN *Gehzeit:* ca. 3 Std. /

Von den „Schwarzen Grafen“ in die Rinnerberger Klamm mit Wasserfall

Alter: ab 4 Jahre

Ausgangspunkt: Schloß Leonstein

Bahnverbindung: Linz Hbf. – Kirchdorf (Linie Steyr) und dort Linienbusanschluß nach Leonstein

Wegverlauf: Leonstein – Waldklause – Rinnerberger Klamm – Wasserfall – Hambaum – Waldklause – Leonstein

Stützpunkt: Gh „Waldklause“, Pernzell 1, 4592 Leonstein, Tel./Fax: 07584/3301

Was allen Spaß macht:
- Wald- und Wiesenweg
- Rinnerberger Klamm
- Wasserfall
- Felshöhlen

Karten: Freytag & Berndt WK, Blatt 5 / Unteres Ennstal, 1:100.000

Nicht adelig, aber feudal lebten einst die „Schwarzen Grafen“ in einem kleinen, engen Seitental des Steyrtals bei Leonstein. Die Geschwister Zeltlinger, noch bis ins 20. Jh. Eigentümer des Sensenwerks Schmiedleithen, waren einst durch die Sensenherstellung zu Reichtum gekommen. Als Hammerherren ließen sie sich stattliche Herrenhäuser im Tal errichten, die mit ihren Orangerien eher Adelspalästen ähnelten. Voller Ehrfurcht erhob sie deshalb die umliegende Bevölkerung in den höheren Stand. Trotz aufwendigen Lebensstils, der auch durch eine besondere Tracht unterstrichen wurde, scheute sich keiner der so „geadelten“ Schmiede, sich dem Ruß der Werkstatt auszusetzen; Rauch und Qualm der Schmieden machte sie zu „schwarzen“ Grafen.
Auch wenn die Hämmer längst still stehen, wird, nachdem 1983 der letzte „Schwarze Graf“ verstorben ist, die traditionsreiche Geschichte dieses Handwerks am Leben erhalten. Einen Einblick in die Lebensweise der ehemaligen Besitzer bieten die gut erhaltenen Herrenhäuser, während die Arbeitsweise der Schmiede in den Werksgebäuden und den Meilern (sie lieferten die Holzkohle für die Befeuerung) vorgestellt wird. Nach dieser Besichtigung lockt die Rinnerberger Klamm mit ihrem Wasserfall als eine ganz besondere Naturschönheit.
Die Wanderung bietet mit einer leichten Kletterübung über eine Leiter ein wenig Nervenkitzel, ist aber dennoch auch für kleinere Kinder geeignet.

Wegverlauf

Ausgehend vom Schloß Leonstein (heute ein Kinderheim) führt der Weg in die Schmiedleithen mit den Herrenhäusern der „Schwarzen Grafen". Vorbei an einem Köhler gelangt man zur Waldklause. Von dort ein kurzes Stück entlang des Güterweges gehen und über eine Brücke den Bach queren. Weiter der Ausschilderung zur Burg Altpernstein (von hier ca. 3 1/2 Std.) folgen. Erneut den Bach über einen Holzsteg queren und über einen Steig die mit Wald, Moosen und Farnen bewachsene Klamm steil hinaufgehen. Dieser Weg ist auch für Kinder geeignet. Nur wenn es feucht ist, sollte bestens aufgepaßt werden! Der Wasserfall ist bereits zu hören und nach einigen Metern trifft man auf ihn. Nachdem die Füße im frischen Wasser gekühlt wurden, geht es über eine leicht begehbare Eisentreppe die Klamm hinauf. Nach wenigen Metern dem Schild „Klamm" folgen. Nach einer Spielpause dort zurück zur Weggabelung und weiter dem nun etwas steiler werdenden Weg folgen. Nach einer kleinen Höhle auf den Forstweg nach links abbiegen. Dieser wird später zu einem Pfad. Vorbei an einer Felshöhle und Weideflächen wird erneut ein Güterweg erreicht, von dem aus nach links der Ausschilderung „Über Hambaum nach Leonstein" gefolgt wird.

Besonderheiten in der Umgebung

- Burg Altpernstein (ca. 5 Std. zu Fuß; Busrückfahrt von Micheldorf)
- Nationalpark Kalkalpen
- Maultrommel-Herstellung in Molln
- Messerermuseum in Steinbach a. d. Steyr

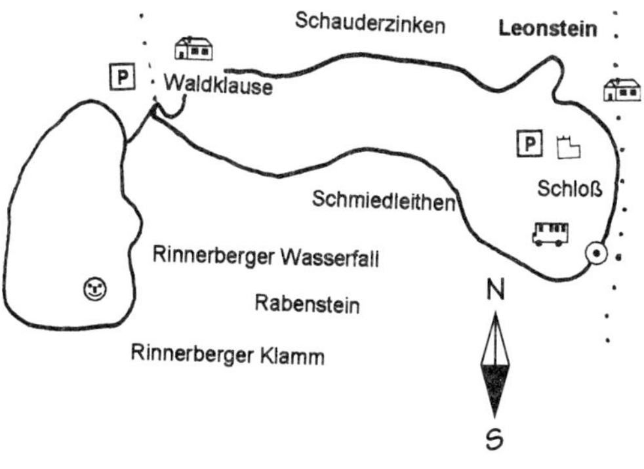

41 MOLLN

Gehzeit: ca. 2 Std. /

Von Maultrommeln zur Steyrschlucht und „Rinnenden Mauer"

Alter: ab 6 Jahre

Ausgangspunkt: Molln an der Stefaniebrücke

Bahnverbindung: mit der „Pyhrnbahn" von Linz nach Klaus und von dort nach Molln mit dem Bus

Wegverlauf: Molln – Steyrschlucht – Krumme Steyrling – „Rinnende Mauer" – Aigner-Schacher – Molln

Stützpunkt: Berggasthof Windhager, Breitenau 46, 4591 Molln, Tel.: 07584/72112

Was allen Spaß macht:
- Maultrommelherstellung
- Steyrschlucht u. „Rinnende Mauer"
- Kanu- und Kajakfahrer auf dem Fluß

Karten: Freytag & Berndt WK, Blatt 5 / Unteres Ennstal, 1:100.000

Molln ist die Heimat der Maultrommeln. Seit über 400 Jahren werden in diesem kleinen Ort „Brummeisen", die Vorläufer der Mundharmonika hergestellt. Im Betrieb Wimmer wird dem Besucher (Mo–Fr 9–12 u. 14–17 Uhr, Sa 8–12 Uhr) gezeigt, wie diese kleinen Musikinstrumente hergestellt werden, von denen vor 150 Jahren 31 in Molln ansässige Meister jährlich 3 Mio. Stück produzierten und in die Welt exportierten. Das schwere Handwerk eines Zeug-, Huf- und Wagenschmiedes kann in der Schmiede von Johann Schmidberger besichtigt werden, der noch heute in der originalen Schmiede aus der Zeit um 1600 auch Ritterrüstungen und -schwerter fertigt.
Eine landschaftlich eindrucksvolle Wanderung zu ganz besonderen Naturschönheiten beginnt am Ortseingang von Molln und folgt der Ausschilderung „Naturpfad Steyrschlucht". Auf mehreren Informationstafeln wird Wissenswertes über diesen einzigartigen Naturraum gegeben. Die Höhepunkte der Wanderung sind der tief eingeschnittene Canyon mit bis zu 40 m hohen Felswänden und das Naturschauspiel der „Rinnenden Mauer". Bei ihr handelt es sich um eine überhängende, ca. 50 m breite Wand in ungefähr 7 m Höhe, aus deren unzähligen Öffnungen Wasser heraustritt. Dieser fließende Vorhang entstand, weil das von wasserundurchlässigen Schichten gestaute Wasser an einer porösen Gesteinsschicht aus Konglomeraten einen Ausgang fand. Ein Konglomerat ist ein Sedimentgestein, bei dem aus von Flüssen geformte Gerölle durch Ton, Kalk, Kieselsäure oder Eisen gebunden wurden.

Wegverlauf

Ausgangspunkt für diese Wanderung ist die Stefaniebrücke in Molln, von der aus zunächst flußabwärts, immer entlang des Wassers, gewandert wird. An der Mündung der Krummen Steyrling in die Steyr ist eine weite Schotterfläche ausgebildet, an der eine Pause eingelegt werden kann. Kinder verlockt diese Stelle zum Spielen, Kanufahrer ziehen vorbei, und an heißen Sommertagen kann man hier auch baden. Weiter geht es über eine Holzbrücke und anschließend auf einem ansteigenden Weg, bei dem auf Kinder besonders acht gegeben werden muß, zur Oberkante der Schlucht. Beeindruckend sind hier die vielfältige Vegetation und die geologischen Besonderheiten der Konglomerate. Wenige Meter hinter der alten Seilbahnhütte zweigt ein Weg zur „Rinnenden Mauer" ab. Der Rückweg nach Molln führt ohne weitere Anstiege durch den Wald zum Aigner-Schacher und von dort über die Bezirksstraße nach Gstadt. Wer möchte, kann auch vom Aigner-Schacher in die Steyrlingschlucht hinabsteigen und diese bis zur Einmündung in die Steyr durchwandern.

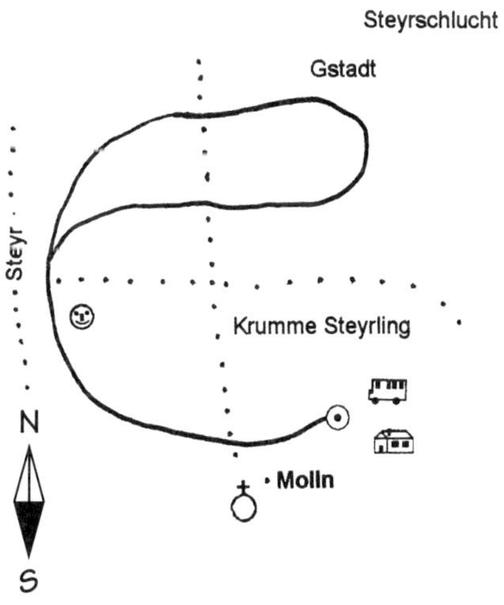

42 SPITAL AM PYHRN *Gehzeit:* ca. 2,5 Std. /

Orientierungswandern auf der Wurzeralm

Alter: ab ca. 4 Jahre

Ausgangspunkt: Bergstation Wurzeralmseilbahn

Bahnverbindung: von Linz Hbf. stündlich zum Bhf. Spital am Pyhrn

Wegverlauf: Talstation der Wurzeralmseilbahn – Bergstation – Brunnsteiner See – Markierungspunkte 2–8 – Bergstation / Linzer Haus

Stützpunkt: Jugenderholungsheim „Lindenhof", Weinmeisterstraße 7, Spital am Pyhrn, Tel.: 07563/214, Fax: 07563/231

Was allen Spaß macht:
- Erlernen des Umgangs mit Karte und Kompaß
- Punkte sammeln bei der Orientierungswanderung
- Belohnung, abzuholen im Tourismusbüro Windischgarsten / Spital a. P.

Karten: Freytag & Berndt WK, Blatt 5 / Unteres Ennstal, 1:100.000

Eine ganz besondere Herausforderung ist die Orientierungswanderung auf der Wurzeralm. Die Orientierung im Gelände mit Hilfe von Karte und Kompaß kann hierbei sowohl von den Kindern als auch von den Erwachsenen spielerisch erlernt werden.
Einst für die Skiweltmeisterschaft im Skiorientierungslauf 1998 eingerichtet, stellt der heutige Rundwanderweg auf der Wurzeralm ein häufig frequentiertes Ausflugsziel für jung und alt dar. Vor Beginn der Tour sollte sich der Wandersmann in den Tourismusbüros von Windischgarsten oder Spital am Pyhrn die notwendige Karte sowie die entsprechende Beschreibung gegen ein geringes Entgelt kaufen. Auf der Spezialkarte „Wurzeralm" sind acht Geländepunkte eingezeichnet, die auf dem Wanderweg gefunden und erreicht werden sollen. An diesen jeweiligen Punkten sind je einen Meter lange Holzpflöcke in den Boden gerammt. Am oberen Ende sind sie mit einer weiß-roten Markierung versehen. An jedem der acht verschiedenen Posten ist eine Zange befestigt, mit der die entsprechenden Markierungsfelder auf der Rückseite der Spezialkarte gekennzeichnet werden müssen. Hat man alle im Gelände versteckten Kontrollpunkte gefunden und die passenden Markierungsfelder mit der

Zange bearbeitet, erhält man gegen Vorlage der Karte in den Tourismusbüros ein kleines Anerkennungsgeschenk überreicht.

Wegverlauf

Mit der Wurzeralmstandseilbahn geht es von der Talstation (an der B138 etwas südlich von Spital am Pyhrn gelegen, Parkplatz und Bushaltestelle) hinauf zur Wurzeralm. Hier ist der Start und das Ziel der Orientierungswanderung.
Zunächst verläuft der Weg in Richtung Westen bis kurz hinter den Brunnsteiner See. Dort wendet sich das Tal nach rechts und geht in nordöstlicher Richtung weiter, bis es sich direkt vor einem steil ansteigenden Berg wieder nach Süden zur Wurzeralm hin richtet. Abschließend noch eine kleine Hilfe, um die Kontrollpunkte leichter finden zu können: Kontrollpunkt 1 liegt an einer Sandgrube, Nr. 2 an einer Baumgruppe, während Nr. 3 bei einigen einzeln stehenden Bäumen liegt. Nr. 4 befindet sich auch bei einem einzelnen Baum, Nr. 5 bei einem Wasserloch, Nr. 6 an einer kleinen Baumgruppe, Nr. 7 neben einem ca. 2 Meter großen Stein. Der letzte Punkt ist bei den Bänken am Weg.

Besonderheiten in der Umgebung

- Sommerrodelbahn Wurzeralm in Windischgarsten
- Wild- und Freizeitpark Enghagen (Tiere, Bummelzug und großer Kinderspielplatz)
- Stiftskirche Mariä Himmelfahrt und Felsbildermuseum in Spital a. P.
- Orte: Hinterstoder, Vorderstoder (Kulisse des Toten Gebirges und spätgotische Kirche St. Leopold), Weyer Markt (Katzensteiner Mühle)

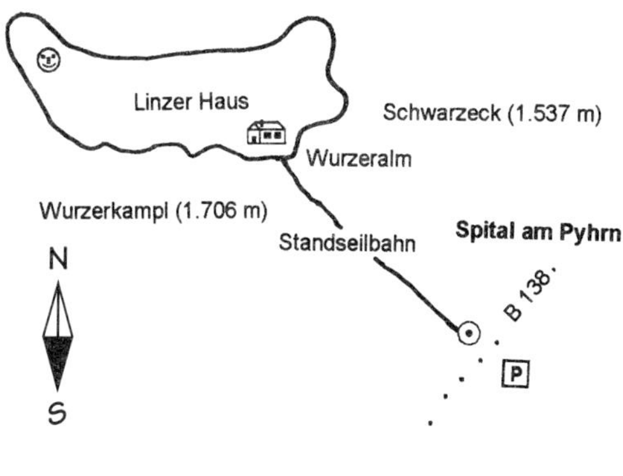

43 KREMSMÜNSTER *Gehzeit:* ca. 3 Std. /

Wanderung zu den Schacherteichen

Alter: ab 4 Jahre
Ausgangspunkt: Marktplatz in Kremsmünster
Bahnverbindung: stündlich von Linz nach Graz (Pyhrnstrecke)
➜ *Wegverlauf:* Marktplatz – Stift – Sonntagberg – Mairdorf – Baumlehrpfad – Schachenwald – Wolfgangstein – Kirchberg – Marktplatz
Stützpunkt: Gh Schmidthaler, Bahnhofstr. 48, 4550 Kremsmünster, Tel.: 07583/5217
Was allen Spaß macht:
- Stift Kremsmünster
- Fischkalter
- Wiesenwege

Karten: Freytag & Berndt WK, Blatt 40 / Umgebung von Linz – Wels – Steyr, 1:100.000

Bayernherzog Tassilo III. ließ 777 nach dem tödlichen Unfall seines Sohnes während einer Eberjagd das Stift Kremsmünster erbauen. Gemeinsam mit dem später hinzugekommenen, alles überragenden Sternwartehaus, dem ältesten Hochhaus Europas (1748–58), beherrscht es das Stadtbild. Bei einer Besichtigung des bedeutendsten barocken Klosters Österreichs und seiner Kunstschätze (Tassilokelch, Codex Millenarius), werden Kinder vor allem die Fischkalter begeistern. In dieser 1690–1718 erbauten wunderschönen Anlage von Fischbehältern in prächtigen Arkadengängen werden Forellen und andere Süßwasserfische herangezogen. Nach Verlassen des Stiftes werden mehrere Stationen des „Adalbert Stifter-Kulturweges“ (Stifter war hier von 1818–26 Klosterschüler) passiert, zu denen u.a. auch die drei Meridiansäulen gehören. Sie geben an, wo der vom einstigen Direktor der Sternwarte bestimmte geografische Längengrad von 14°7'15" östl. von Greenwich liegt, auf dem das Observatorium steht.
Die landschaftlich schöne Wanderung über sonnige Wiesenwege führt zunächst zu einem Baumlehrpfad (Vögel- u. Bienennährgehölze, Ahorn-, Linden-, Eichengruppen, Sträucher und Wildrosen). Anschließend kann ein kurzer Abstecher zur Heiligenkreuzkirche (1687–90) unternommen werden, ehe es weiter zu den idyllischen Teichen im „Schacher“ geht. Schwäne und Enten ziehen friedlich ihre Runden, und an manchen Stellen können vom Ufer aus Fische beobachtet werden.

Erfrischender Most wird auf vielen Bauernhöfen, die entlang des Weges liegen, selbst hergestellt. Wer auf den Geschmack gekommen ist oder andere bäuerliche Produkte als kulinarische „Mitbringsel" kaufen möchte, sollte dies in Kremsmünster auf dem Marktplatz beim Bauernmarkt (Fr 14–18 Uhr) oder im „Milch- und Most-Laden" (Marktplatz 30) tun.

Wegverlauf

Vom Marktplatz geht es zunächst zum Stift hinauf. Über den Burgfried, Sonntagberg und die Neuhof-Straße wird der Ort verlassen. Ein nach rechts abzweigender Weg führt zum Waldrand und weiter bis Mairdorf. Über den Baumlehrpfad weiter nach Heiligenkreuz. Kurz vor der Kirche zweigt nach rechts der Weg in den Schachenwald ab. Schon nach kurzer Zeit ist der erste Teich erreicht. Wenige Meter hinter der Sipbachzeller Bezirksstraße rechts abbiegen und nach Ehrnstorf gehen. Am Bildstock wieder rechts nach Wolfgangstein zum Güterweg Wolfgangstein wenden. Danach geht es kurz nach rechts, dann nach links in den Wolmersgraben und weiter nach Kirchberg. An der gleichnamigen Straße liegt das „Blaue Haus". Über die Straßen Mühlberg und Burgfried führt der Weg zum Stift zurück.

Besonderheiten in der Umgebung

- Kremsmünster: Sternwarte (Mai–Okt. 10 u. 14 Uhr, ca. $1^1/_2$ Std.), Stiftskeller (Stiftsweine aus Krems–Stein / Wachau u. Deutschkreutz / Burgenland), Schloß Kremsegg, Kalvarienbergkirche (1736–38)
- Rokokokirche in Kirchberg
- Erlebnisbad mit Rutschen und großer Liegewiese in Kremsmünster

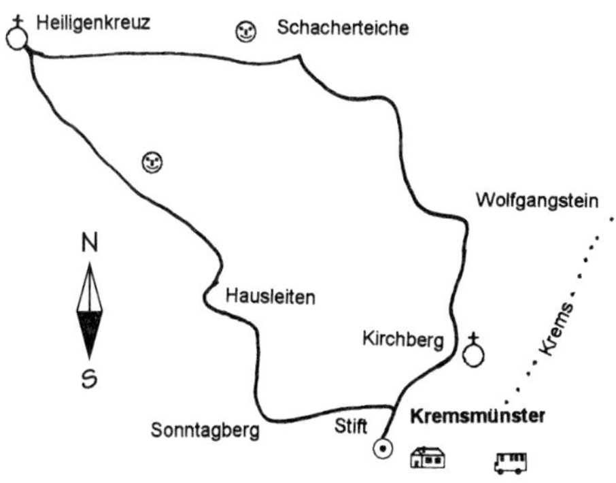

44 KREMSMÜNSTER *Gehzeit:* ca. 2,5 Std. /

Zum Schloß Kremsegg und über den Tempetalweg

Alter: ab 4 Jahre

Ausgangspunkt: Marktplatz in Kremsmünster

Bahnverbindung: stündlich von Linz nach Graz (Pyhrnstrecke)

Wegverlauf: Marktplatz – Bhf. – Schloß Kremsegg – Tempetal – Gh „Baum mitten in der Welt“ – Guntendorf – Teufelshöhlen – Hofwiese – Marktplatz

Stützpunkt: Landgasthof „Baum mitten in der Welt“, Gustermairberg 86, 4550 Kremsmünster, Tel.: 07583/5304

Was allen Spaß macht:
- Höhlen auf dem Tempetalweg
- Schloß Kremsegg, Blasmusikinstrumentenmuseum
- Wiesen- und Waldwege

Karten: Freytag & Berndt WK, Blatt 40 / Umgebung von Linz – Wels – Steyr, 1:100.000

Eine abswechlungsreiche Wanderung über Wiesen-, Wald- und Güterwege, mit nur mäßigen Steigungen, führt durch das Tempetal. Zum Teil wildromantisch, mit kleinen Holzbrücken über Bäche und noch urspünglicher Vegetation kann nur wenig entfernt von Kremsmünster Natur pur genossen werden. An mehreren Stellen trifft man auf Höhlen, u.a. die sog. Teufelshöhle, die es zu erkunden gilt. Diese dunklen Höhlen wecken die Vorstellung von Wegelagerern, Waldgeistern und Zugängen in andere verwunschene Welten.
Am Beginn der Wanderung steht ein Besuch von Schloß Kremsegg. Als Schutzburg für die Bevölkerung von Kremsegg und Kirchberg war sie bereits 1283–1299 ausgebaut worden. Ihre heutige Gestalt erhielt sie aber erst wesentlich später, im 18. Jh., unter dem für viele Gebäude in Kremsmünster (auch das Stift) verantwortlich zeichnenden Baumeister Carlo Antonio Carlone. Während Erwachsene sicherlich auch der schlichten Eleganz dieses Baus mit seinem schönen Arkadenhof vieles abgewinnen können, werden Kinder vor allem vom Musikinstrumentenmuseum begeistert sein. Zwar werden die Namen von früheren Besitzern der Blasinstrumente wie: Zar Alexander III., Louis Armstrong oder Dizzy Gillespie den Kindern nicht viel sagen, aber die unterschiedlichen, z.T. lustigen Formen werden sie begeistern. Man glaubt gar nicht, daß man darauf blasen kann und Musik entsteht.

Auf halbem Weg liegt auf einer Anhöhe das schöne Ausflugslokal „Baum mitten in der Welt“ (Kinderspielplatz vorhanden). Der überaus selbstbewußte Name des Gasthauses wird richtig verstanden, wenn man das Panorama von hier genießt. Man steht „mitten in der Welt“!

Wegverlauf

Der Wanderweg führt am nördlichen Ende des Marktplatzes an der Post vorbei über die Brücke in die Bahnhofstraße. Nun biegt man nach rechts in die Kremsegger Straße ab, und ehe sie in die Voralpen-Bundesstraße (122) einmündet, nach links zum Schloß Kremsegg hinauf. Auf der Kremsegger Straße ein paar Meter zurück gehen und in die Straße „In der Scheiben“ nach links abbiegen. Kurz hinter der Bundesstraße auf den Wanderweg in das Tempetal nach rechts gehen und weiter entlang des Baches durch ein Waldstück Richtung Kälberhub und zum Gh „Baum mitten in der Welt“ hinauf gehen. Nach wenigen Metern ist die höchste Stelle der Wanderung, Gusterberg (488 m) erreicht. Kurz danach am Bildstock in Guntendorf nach rechts wenden und an den Teufelshöhlen vorbei über die Bundesstraße und die Bahngleise zur Krems spazieren. Von der Greinerstraße zweigt der Fasanengarten ab. Gleich nach der Brücke geht es rechts an der Krems entlang zu den Tennisplätzen. Über die Bad Haller Straße und Hauptstraße schließlich zurück zum Marktplatz.

Besonderheiten in der Umgebung

- Kremsmünster: Sternwarte, Schloß Kremsegg, Kalvarienbergkirche (1736–38)

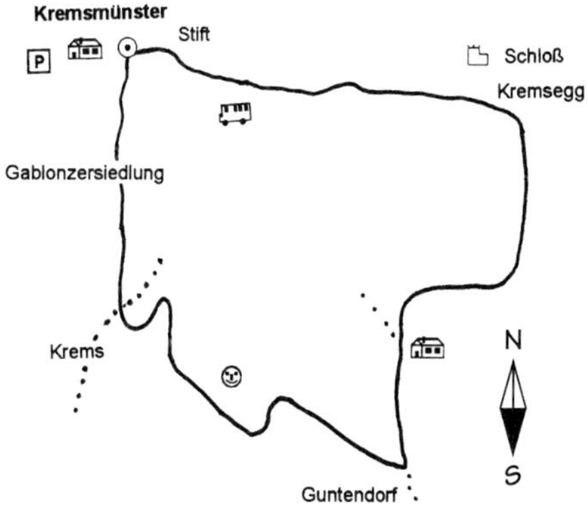

45 SCHÄRDING *Gehzeit:* ca. 3 Std. /

Wandern im Unteren Inntal und in der Hügellandschaft des Sauwaldes zum Aussichtsturm Schardenberg

Alter: ab 3 Jahre

Ausgangspunkt: Schärding Marktplatz

Bahnverbindung: Linz Hbf. – Attnang-Puchheim – Schärding / direkt Linz Hbf. – Schärding / Zug: Wernstein – Schärding

Wegverlauf: Oberer/Unterer Stadtplatz – Wassertor – Prambrücke – Inntal – Wernstein – Zwickledt – Schardenberg

Stützpunkt: Gh Hötzenedt, Passauerstr. 15, 4780 Schärding, Tel./Fax: 07712/4650,

Was allen Spaß macht:
- Burggraben und Tore in Schärding
- Inntalwanderung
- Aussichtsturm Schardenberg

Karten: Mayr WK, Blatt 1 / Innviertel / Hausruckwald, 1:50.000

Die nur knapp 6.000 Einwohner zählende Barockstadt Schärding (313 m ü.d.M.), ist Ausgangspunkt für eine abwechslungsreiche Wanderung. Entlang des Inns und in der grünen Hügellandschaft des Innviertels liegt ein ganz besonderes Naturparadies, wo seltene Pflanzen beheimatet und zahlreiche Wasservögel anzufinden sind, die hier ihren Zug zwischen Europa, Afrika und Asien unterbrechen. Ein kurzer Rundgang durch Schärding steht am Anfang der Tour. Der Ort ist ein beeindruckendes Beispiel für den rund um Inn und Salzach vorherrschenden Stadttyp. Die Silberzeile am oberen Stadtplatz verdankt ihren Namen den ehemals dort lebenden reichen Kaufleuten (Salz- und Holzhandel). Mit ihrer farbenfrohen biedermeierzeitlichen Fassadenfront und den barocken Giebeln gilt sie als eines der schönsten Häuserensembles Österreichs. Daß auch Schärding unter fast jährlichen Hochwassern leiden muß, wird deutlich, wenn am Wassertor die bedrohlichen Stände des Inns betrachtet werden. Bis Wernstein wird immer dem Inn, von den Römern AENUS („der Schäumende") genannt, gefolgt. Zunächst bei Schärding in einem mächtig breiten Bett dahinfließend, zwängt er sich bei Vornbach (Inndurchbruch) in eine nur wenige Meter breite Schlucht, die bei den früheren Innschiffern gefürchtet war. Bei Wernstein wird das Inntal verlassen und zum Sauwald (= „Pas-sau-er Wald") hinaufgestiegen. Der Aussichtsturm in Schardenberg ermöglicht einen phantastischen Blick über Passau hinweg zu den Höhen des Bayerischen Waldes.

Abendstimmung bei den Schacherteichen (Tour 43)

Der barocke Hauptplatz von Schärding (Tour 45)

Wegverlauf

Vom Marktplatz in Schärding geht es durch das Wassertor zum Inn hinunter. Diesem wird flußabwärts gefolgt, ehe über die Prambrücke (Passauer Str.) die Pram gequert wird. Gleich nach der Brücke nach links abbiegen und entlang der Pram zu deren Mündung in den Inn gehen. Jetzt geht es wieder den Fluß abwärts durch das Untere Inntal. Auf der deutschen Seite liegt an der Innenge (kleine Donauinsel) das beeindruckende Benediktinerkloster Vornbach. Weiter den Fluß entlang gehend wird Wernstein erreicht. Malerisch ist der Blick von der Mariensäule hinauf zur über der Donau thronenden Festung Neuburg und der ihr in Wernstein gegenüber liegenden Burg (Privatbesitz). Sehr schön am Fluß gelegene Wirtshäuser laden zur Einkehr ein. Vorbei an der Pfarrkirche (Kubin-Grab) geht es anschließend den z.T. steil ansteigenden Hang des Inntals über den „Kubinweg" nach Zwickledt hinauf (kurzer Abstecher zum Haus und Atelier des Künstlers). Von dort führt der Weg durch ein Waldstück zum Aussichtsturm in Schardenberg. Anschließend geht man am besten nach Wernstein zurück und fährt von dort mit der Bahn oder dem Innschiff zurück nach Schärding.

Besonderheiten in der Umgebung

- Kubinhaus – Wohnhaus und Atelier des Zeichners, Autors und Buchillustrators Alfred Kubin (1877–1959), Zwickledt 7
- Dreiflüssestadt Passau (u.a. Altstadt, Dom, Feste Oberhaus)

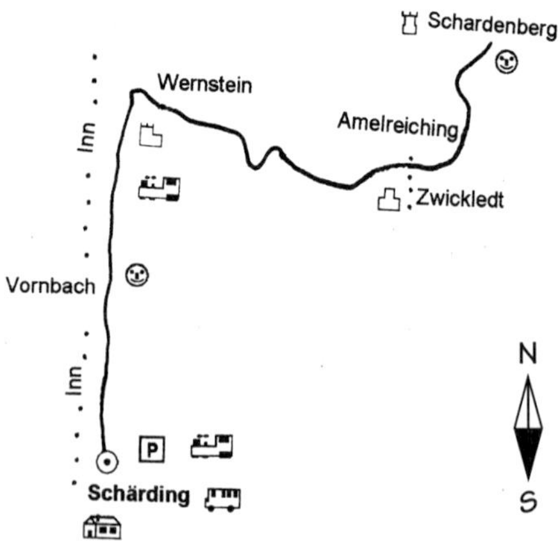

46 GRIESKIRCHEN *Gehzeit:* ca. 1,5 Std. /

Schloß Tollet und entlang der Trattnach

Alter: keine Einschränkung

Ausgangspunkt: Pfarrkirche Grieskirchen

Bahnverbindung: Linz Hbf. – Wels – Wallern – Bad Schallerbach – Grieskirchen

Wegverlauf: Stadtpfarrkirche – westlich zum Krankenhaus – Kernweg – Schloß Tollet – Tolleterau – entlang der Trattnach – Grieskirchen

Stützpunkt: Gh „Zum weißen Kreuz“ Zweimüller, Stadtplatz 4, 4710 Grieskirchen, Tel.: 07248/62226, Fax: 62226-31, Gh Lugmayr, Bachstr. 2, Tel.: 07248/68252, Fax: 07248/61210

Was allen Spaß macht: • Schloß Tollet mit Heimatmuseum
• Flußwanderung an der Trattnach

Karten: Mayr WK, Blatt 3 / Innviertel / Hausruckwald, 1:50.000

Im schönen, sonnigen und ruhigen Tal der Trattnach liegt der Ort Grieskirchen (334 m ü.d.M), dem Kaiser Matthias 1613 Stadtrechte verlieh. Der gemütliche Einkaufsort, durch den der Fluß hindurch fließt, besitzt sehr schöne Bürgerhäuser und eine gotische, später barockisierte Pfarrkirche, bei der auch das alte Adelsgeschlecht der Polheimer ihre letzte Ruhestätte fand. Die Polheimer unterstützten u.a. neben den Jörgern die Verbreitung der Lehre Martin Luthers im Land. Vor allem bei den unterdrückten Bauern und dem Bürgerstand weckte die Reformation die Hoffnung auf eine Verbesserung ihrer schlechten wirtschaftlichen Lage und die Erfüllung des Wunsches nach Freiheit.

Ebenso erholsam wie ein Aufenthalt in Grieskirchen ist die auch für Anfänger geeignete Wanderung zum Schloß Tollet. Ohne allzu große Steigungen, nur zum Schloß geht es etwas bergan, führt die Wanderung an Feldern vorbei und zum Schluß entlang der Trattnach.

Obwohl Schloß Tollet urkundlich bereits im 12. Jh. erwähnt wird, läßt die Inschrift „1607“ am Eingangstor vermuten, daß das Gebäude erst zu dieser Zeit erbaut wurde. Später, im 19. Jh., wurde es im Stil eines Renaissanceschlosses umgebaut. Neben dem Besuch des Heimatmuseums im Schloß ist auch ein kleiner Spielplatz vorhanden.

Auch für einen Abstecher zum zweiten Schloß von Grieskirchen, dem Wasserschloß Parz (1379), bleibt nach dieser kurzen Wanderung noch genügend Zeit. Es ist vom Stadtplatz in nur wenigen

Minuten zu erreichen. Da es sich im Privatbesitz befindet, ist es nur von außen zu besichtigen. Wegen seines geschlossenen Wassergrabens lohnt sich aber der Weg dorthin auf jeden Fall.

Wegverlauf

Vom Bahnhof in Grieskirchen geht es durch die Parkstraße, Zauneggerstraße, über den Roßmarkt mit der Kirche zum Stadtplatz, dem Ausgangspunkt für die Wanderung. Von hier über den Pühringerplatz, Oberen Stadtplatz in die Weberzeile. Hinter dem Krankenhaus zweigt der Kernweg nach links ab und führt direkt, nur im letzten Teil leicht ansteigend, zum Schloß Tollet. Zurück nach Grieskirchen geht es den Schloßberg hinunter und am großen Sägewerk rechts vorbei. Über die kleine Brücke wird die Trattnach erreicht, die nun für den Rest des Weges den Wanderer begleitet. An der Festwiese vorbei führt der Rundgang über die Sportplatzstraße, Lobmayrstraße (Trattnachbrücke) zum Oberen Stadtplatz zurück. Schloß Parz ist über den Stadtplatz, Pechtlerstraße, Parzer Höhenstraße und Parzer Bezirksstraße zu erreichen.

Besonderheiten in der Umgebung

- Pfarrkirche, Dreifaltigkeitssäule (1708) und die Annakapelle (1486) in Grieskirchen
- Schlösser Parz und Schlüsslberg
- Kurorte Bad Schallerbach und Gallspach

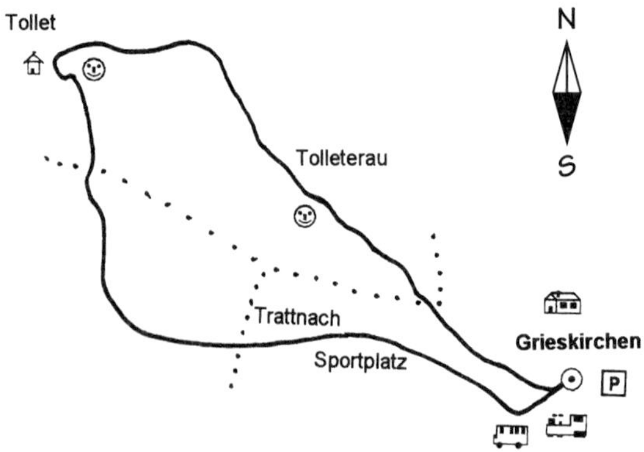

47 GALLSPACH

Gehzeit: ca. 4 Std. /

Zum Wasserschloß Aistersheim

Alter: ab 6 Jahre

Ausgangspunkt: Hauptplatz in Gallspach

Bahnverbindung: Linz Hbf. Richtung Wels und dort umsteigen in den Zug über Bad Schallerbach nach Grieskirchen; weiter mit dem Bus.

Busverbindung: Grieskirchen Bhf. nach Gallspach

Wegverlauf: Fußballplatz Gallspach – Neue Welt – Vierhausen – Aistersheimer Wald – Wasserschloß Aistersheim – Roitham – Gallspach

Stützpunkt: Gasthof/Pension Hiegelsberger-Gesswagner, Salzburger Straße 24, Tel.: 07248/68035, Hotel „Linzerhof", Linzer Str. 1, Tel.: 07248/62631, Fax: 07248/62174

Was allen Spaß macht:
- Wald- und Wiesenwege
- Beeren pflücken am Wegesrand
- Alpenpanorama und wilde Rehe

Karten: Mayr WK, Blatt 3 + 6 / Innviertel / Hausruckwald, 1:50.000

Fast von Schloß zu Schloß führt diese Wanderung, denn während der Tour können zwei ehemalige Herrschaftssitze von außen besichtigt werden. Am Anfang steht das malerisch gelegene alte Schloß Gallspach mit einem Rundturm aus dem 15. Jh. Mächtige Eichenpfähle mußten in den Boden gerammt werden, um auf dem feuchten Untergrund dieses Wasserschloß errichten zu können. Es befindet sich im Besitz der Familie Dr. Zeileis, die sehr viel zum Entstehen des Luftkurortes (seit 1960) beitrug. Bereits in der dritten Generation wird in Gallspach mit Erfolg die von Valentin Zeileis (1912) entwickelte Hochfrequenztherapie bei verschiedenen Krankheiten angewendet. Am Ziel der Wanderung wird das beeindruckende Schloß Aistersheim erreicht. Es zählt zu Österreichs schönsten Wasserschlössern der Spätrenaissance.

Der Wanderweg, der beide Schlösser verbindet, ist zum überwiegenden Teil ein Feld- und Wiesenweg, nur teilweise eine Schotterstraße mit nur wenigen Steigungen. Neben sehr schönen Aussichten auf die Alpenkette können auch Tiere beobachtet werden. Nicht selten kann man auf Feldern Rehe äsen sehen. An vielen Stellen bieten sich vor allem im frühen Herbst Möglichkeiten, am Waldrand Himbeeren und Brombeeren zu pflücken.

Wegverlauf

Der Weg führt vom Stadtplatz – vorbei am Wasserschloß – über folgende Straßen zum Ortsausgang: Valentin-Zeileis-Str., Stelzhammerstr., Am Sportplatz (Fußballplatz), Jahnstr., Leharstr. Wenige Meter nach dem Wegkreuz nach rechts zwischen Wiesen und Feldern in Richtung Vierhausen abbiegen. An der Asphaltstraße nach links wenden und weiter geradeaus spazieren. An der Abzweigung nach Vornbuch geht es geradeaus auf dem Fahrweg zum Aistersheimer Forst (schöner Blick ins Mühlviertel). Nach wenigen Metern erblickt man auf der linken Seite den Geländeabbruch zur ehemaligen Roithamer Schottergrube. In diesem Gebiet wird häufig auf Tontauben geschossen. Dem Fahrweg nach rechts folgen und an der Stelle, wo der Jungwald in den Hochwald wechselt, nach links den Pfad hinuntergehen. Über eine Forststraße geht es dann weiter nach Aistersheim. Von hier fährt ein Bus zurück nach Gallspach.

Besonderheiten in der Umgebung

- Freibad mit 42 m langer Wasserrutsche

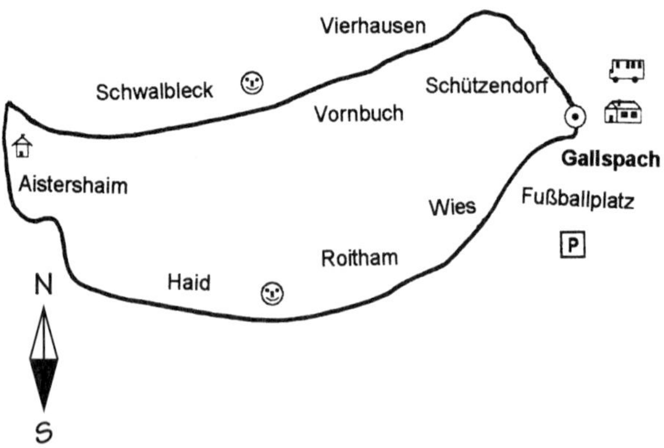

48 HAAG

Gehzeit: ca. 3,5 Std. /

Zur Holzaussichtswarte, Sommerrodelbahn und zum Waldlehrpfad „Symbrunn“

Alter: ab 5 Jahre

Ausgangspunkt: Marktplatz von Haag

Bahnverbindung: Linz – Wels – Lambach und weiter Lokalbahn Lambach – Haag a.H.

Wegverlauf: Haag – Luisenhöhe – Aussichtswarte (718 m) –Waldlehrpfad – Schloßberg (712 m) – Trafostation Turmberg (750 m) – Sendeanlage Sulzberg – Sulzbergplateau (720 m) – Haag

Stützpunkt: Gh „Zur Post“, Marktplatz 39, 4680 Haag a. Hausruck, Tel.: 07732/2228, Gh Mittendorfer, Marktplatz 11, Tel.: 07732/2231

Was allen Spaß macht:
- Sessellift
- Sommerrodelbahn
- Waldlehrpfad „Symbrunn“
- Schloß Starhemberg / Heimatmuseum
- Aussichtswarte

Karten: Mayr WK, Blatt 6 / Innviertel / Hausruckwald, 1:50.000

Eine Wanderung, die viel Abwechslung bietet, hat in Haag (505 m u.d.M.) ihren Ausgangspunkt. Das Adelsgeschlecht der Haager, von etwa 1130–1200 hier urkundlich nachweisbar, ist wohl namensgebend gewesen für den Ort am nordöstlichen Rand des Hausruckwaldes. Umgeben wird er von einer schönen Waldlandschaft mit Fichten, Tannen, Rotbuchen, wilden Farnen und Waldquellen, die es zu erkunden gilt.

Eines ist bestimmt sicher, auf dem Weg zum Waldwanderweg und Waldlehrpfad wird man kaum an der 750 m langen Sommerrodelbahn vorbeikommen können, ohne mit den Kindern eine rasante Abfahrt durch Wald und Wiese gewagt zu haben. Zum Startplatz der Bahn auf knapp 720 m Höhe gelangt man – und auch das wird Kindern Spaß bereiten – mit Hilfe eines Sesselliftes (April–Okt. ab 10 Uhr). Nach der Rodelabfahrt und erneuten Auffahrt mit dem Lift kann eine zünftige Hüttenkost in der Waldschenke „Luisenhöhe“ (Tel.: 07732/2221) genossen werden, bevor der z.T. durch steiles Gelände führende Waldlehrpfad „Symbrunn“ (sieben Brunnen) mit 14 Stationen wissenswerte Informationen zum Hausruckwald vermittelt. Hobbygeologen werden besonders an den Quarzitkonglomeraten Gefallen finden.

Einer der Höhepunkte während der Wanderung durch dichte Wälder ist es, auf die 32 m hohe Aussichtswarte zu steigen, von der sich ein prächtiger Rundblick bietet. Es empfiehlt sich, hier eine Karte dabei zu haben, denn sonst fällt es schwer, das Panorama richtig einzuordnen, u.a.: Ötscher, Linzer Becken, Mühlviertler Berge, Watzmann, Untersberg, Hochkönig, Tennengebirge, Dachstein.
Das im Privatbesitz befindliche Schloß Starhemberg mit seinem malerischen Arkadenhof wurde 1230 erbaut und bietet mit seinem Heimatmuseum einen schönen kulturellen Abschlußpunkt der Wanderung.

Wegverlauf

Vom Marktplatz in Haag geht es zunächst leicht ansteigend in westliche Richtung in die Straße Oberntor und geradeaus weiter bis zur Talstation des Sesselliftes (Rodelbahn). Nach der Auffahrt mit dem Lift, gleich an der Bergstation, liegt die Waldschenke Luisenhöhe, und der ca. 4 km lange ($1^1/_2$ Std.) Waldlehrpfad „Symbrunn“ hat hier seinen Ausgangs- und Endpunkt. Nach dem Waldrundgang geht es an der Bergstation nach links weiter bergab zur Hauptstraße. Diese ein kurzes Stück in Richtung Haag gehen und nach ca. 200 m nach links zum Schloß Starhemberg abbiegen. Von dort geht es in ca. 10 Minuten zurück nach Haag.

Besonderheiten in der Umgebung

- Ried (Stadtplatz, Volkskundehaus, Kirchplatz 13; Stadtpfarrkirche St. Peter und Paul

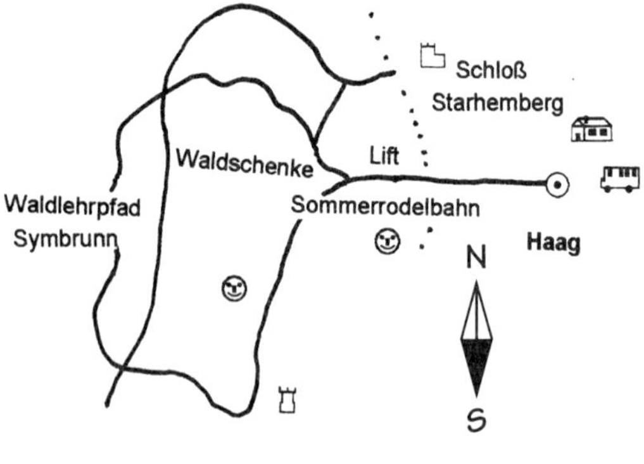

49 GEBOLTSKIRCHEN *Gehzeit:* ca. 3 Std. /

Die ehemalige Kohlenbahntrasse im Hausruckwald (Kohlenbergbau)

Alter: ab 3 Jahre

Ausgangspunkt: Kirche in Geboltskirchen

Bahnverbindung: Linz – Wels – Lambach und weiter Lokalbahn Lambach – Haag a.H., weiter nach Geboltskirchen mit dem Bus

➜ *Wegverlauf:* Geboltskirchen – Gschwendt – Kohlenbahntrasse – Scheiben – Brunau – Roßwald – Oberentern – Geboltskirchen

Stützpunkt: Gast- und Reiterhof Pichler, 4682 Geboltskirchen 1, Tel.: 07732/3512; Fax: 07732/3512-4, Gh Mayrhuber, 4682 Geboltskirchen 20, Tel.: 07732/3515, Fax: 07732/3515-13

Was allen Spaß macht:
- Badesee
- Besichtigung der Überreste aus der Bergwerkszeit
- Ursprung der Trattnach

Karten: Mayr WK, Blatt 6 / Innviertel / Hausruckwald, 1:50.000

Fast ein wenig versteckt liegt Geboltskirchen, nur ein paar Kilometer von Haag entfernt. Bis vor 30 Jahren wurde hier Kohlenbergbau betrieben, und auch heute kann man noch Spuren aus der Bergwerkszeit wie alte Stollen, Gebäude und einzelne Landschaftsnamen finden.
„Glück auf" heißt es im Hausruck bereits seit 1775, als der erste Stollen von der k.k. Salinenproduktion erschlossen wurde. Doch wie kommt die Kohle in den Hausruck? Der Aufbau des Hausrucks ist mit der Entstehung der Alpen verknüpft. Diese unterlagen nach ihrer Heraushebung im Tertiär der Erosion. Die Flüsse transportierten das gelockerte Material aus den Alpen heraus und lagerten es im „Alpenvorlandsmeer" ab. Im jungen Tertiär wurde nun dieses Meer vom Weltmeer abgetrennt, was Aussüßen und Verlandung in Form flacher Becken zur Folge hatte. In diesen Becken breitete sich eine Vegetation mit Mammutbaum, Sumpfzypresse, Lebensbaum, Birke, Eiche und Ahorn aus, die später von tonigen Sedimenten zugeschüttet und so gewissermaßen plombiert wurde, so daß sich unter Luftabschluß der Prozeß der Inkohlung und der Braunkohlebildung vollziehen konnte. Tektonische Bewegungen verursachten zunächst ein Absenken des gesamten Gebietes, so

daß sich die sog. „Hausruckschotter", über Inn und Salzach aus den Zentral- und Kalkalpen herangeführt, ablagern konnten. Eine spätere erneute Hebung ergab dann ein stark zerschnittenes Relief, wobei sich die heutigen Talauen unter die Kohleschichten eintieften, was zum „Ausbeißen" der Kohle an vielen Stellen der Erdoberfläche im Hausruck führte.

Wegverlauf

Ausgangspunkt ist die Kirche von Geboltskirchen. Von dort geht es am Sportplatz vorbei durch den Wald in Richtung Gschwendt. Am Grubwald trifft man auf den Wanderweg Nr. 65, der sich an der alten Trasse der Kohlenbahn orientiert. Nach ca. 500 m wird der im Wald gelegene Ursprung des Flusses Trattnach erreicht. Weiter dem Weg folgend, ist die kleine Siedlung Scheiben das nächste Ziel. Will man den Weg abkürzen, kann kurz hinter Scheiben nach links abgebogen und über Brunau zurückgegangen werden. Ansonsten folgt man weiter der Bahntrasse nach Roßwald und gelangt von dort über Oberentern nach Geboltskirchen zurück.

Besonderheiten in der Umgebung

- Das Reiterzentrum und zahlreiche Reiterhöfe in Ampfelwang

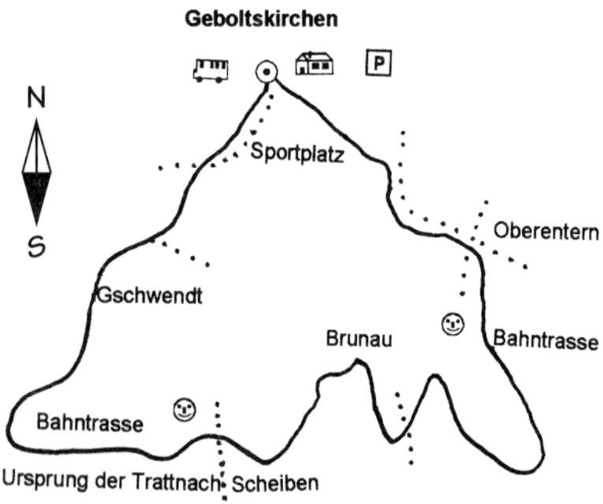

50 WOLFSEGG

Gehzeit: ca. 4 Std. /

Alpenpanoramawanderung

Alter: ab 4 Jahre

Ausgangspunkt: Marktplatz in Wolfsegg

Bahnverbindung: Linz Hbf. über Attnang-Puchheim, dort umsteigen und mit Linie nach Schärding zum Bhf. Ottnang–Wolfsegg. Ab Ottnang Postautobus nach Wolfsegg

➜ *Wegverlauf:* Schloß – Wegstern – Kohlgrube – Wiesfleck – Gh Helmhart – Mühlbach – Friesam – Wolfsegg

Stützpunkt: Gh „Schloßtaverne", Marktplatz 3, 4902 Wolfsegg, Tel.: 07676/7339, Fax: 07676/7339-20, Pension Waltraud, Am Südhang 5, Tel./Fax: 07676/7818

Was allen Spaß macht:
- Schloß Wolfsegg
- Waldwanderweg
- weite Fernsicht auf die Alpen

Karten: Mayr WK, Blatt 6 / Innviertel / Hausruckwald 1:50.000

Der Luftkurort Wolfsegg am Hausruck (700 m ü.d.M.) bietet ein einzigartiges Alpenpanorama. Daher empfiehlt es sich, diese Wanderung vor allem dann zu unternehmen, wenn klare Fernsicht herrscht oder der Föhn die Alpen zum Greifen nahe bringt. Vom Ötscher (Niederösterreich) bis hin zum Untersberg (Salzburg) reicht der Blick; das sind immerhin 300 km.
Die Geschichte des Ortes ist mit zahlreichen kriegerischen Auseinandersetzungen verbunden, und so verwundert es nicht, daß hier das 1. Österreichische Friedensmuseum eingerichtet wurde. Bereits im 10. Jh. kam es zu häufigen kriegerischen Einfällen der Awaren und Ungarn in diesen Teil des Hausrucks. Um hier Einhalt zu gebieten, errichtete man zur Verteidigung die Burg Wolfsegg und zu deren Füßen, in geschützter Lage, das gleichnamige Dorf. Im Laufe der Jahrhunderte mußte sich der Ort auch weiterhin zahlreicher Angriffe erwehren, denn auch das benachbarte Bayern, das Fürstbistum Passau und die Böhmen versuchten immer wieder, Hoheitsansprüche über dieses Gebiet zu erlangen.
Eine Zeit wirtschaftlichen Aufschwunges begann, als 1760 um Wolfsegg Braunkohle entdeckt wurde und man 1785 mit dem Abbau begann. Aus dem In- und Ausland wurden Arbeiter angezogen, die auf Anstellung in der neu eingerichteten Grube hofften, und es entstand eine eigene Ansiedlung von Grubenarbeitern.

Wegverlauf

Vom Maktplatz in Wolfsegg geht es zunächst zum Schloß hinauf und von dort über den Höhenweg durch den Wald. Nach ca. einer halben Stunde wird der Bildstock „Mutter zum guten Rat“ erreicht und nach einer weiteren halben Stunde das sogenannte „Jägerbild“. Nach diesem Bildstock die zweite Straße nach rechts und gleich wieder nach links in den Waldweg abbiegen. Hier ist der höchste Punkt der Wanderung mit 740 m erreicht. Nach ca. 1 km stößt man auf die Straße Richtung Altenhorn a. H. Ihr wird 500 m gefolgt und dann nach rechts zur Jausenstation „Bräukeller“ abgebogen. Nach einer kurzen Rast dort geht es weiter zur Straße nach Kohlgrube. In der Nähe des Steinbruchs zweigt der Weg zurück zum Schloß Wolfsegg nach rechts ab.

Besonderheiten in der Umgebung

- Beheiztes Waldstrandbad (Mitte Mai – Mitte Sept.)
- 1. Österreichisches Friedensmuseum

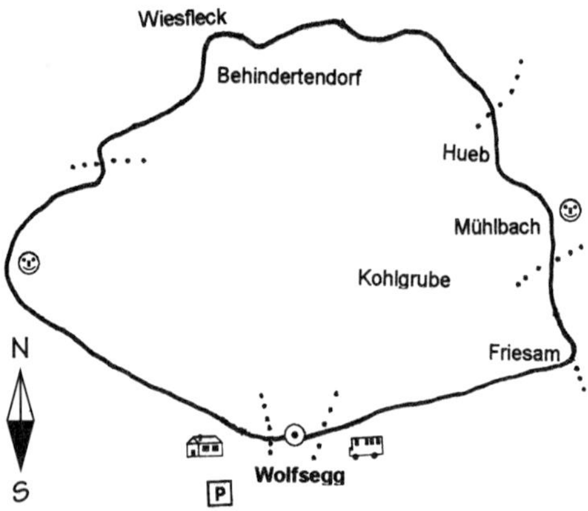